Chef Claudio Esposito

Cozinha italiana em 100 receitas (Preparativos rápidos e fáceis)

Título: Cozinha italiana em 100 receitas

Autor: Claudio Esposito

ÍNDICE

Página 5 - INTRODUÇÃO

Pag.7 - ESTRELAS

Pag.9 - Lentilhas e discos de brócolis

Pag.11 - Berinjela Parmigiana

Página 13 - Panzanelle

Pag.15 - Cogumelo, bacon e batata gratinado

Pag.17 - Focaccine com azeitonas

Pag.19 - Omelete de queijo

Pag.21 - Abobrinhas recheadas

Página 23 - Salada italiana

Pag.25 - Salsicha e friarielli

Pag.27 - Croquetes de arroz

Página 29 - Tomates, xixi e batatas

Página 31 - Sanduíche italiano

Pag.33 - Pizzette com presunto

Página 35 - Almôndegas de frango

Pag.37 - PRIMEIROS CURSOS

pag.39 - Espaguete com frutos do mar

Página 41 - Risoto de abobrinha e bacon

Página 43 - Risoto com cogumelos

Página 45 - Pasta alla carbonara

PAg.47 - Massas com pesto

Pag.49 - Lasanha Vegetal

Página 51 - Macarrão com molho pesto siciliano

Página 53 - Pasta puttanesca estilo

Pag.55 - Tuscan gnudi

Página 57 - Sopa de feijão

Pag.59 - Massas com salsicha e friarielli

Página 61 - Rigatoni com brócolis

Página 63 - Massas Orecchiette com anchovas e nabiças

Pag.65 - Risotto com cevada e ervilhas

Página 67 - Fettuccine Alfredo receita original

Pag.69 - Massas com pesto de nozes

PAg.71 - Sopa de feijão e espelta

Pag.73 - Penne com salsicha e queijo parmesão

Pag.75 - Esparguete com pesto de repolho preto e salmão

Página 77 - Salada de macarrão

Página 79 - Esparguete com salmão e pesto de azeitona

Pag.81 - Risoto de banha e trufa negra

Página 83- Sopa de legumes

Página 85 - Ravioli com amêndoas e queijo taleggio

PAg.87 - Rolos de abobrinha com ricotta e espinafre

Página 89 - Paccheri com salsicha e brócolis

Página 91 - PRINCIPAIS CURSOS

Pag.93 - Torta saloia com batatas e presunto

Página 95 - Salsichas e batatas cozidas

Página 97 - Chicken cacciatore

Página 99 - Cordeiro em vinho tinto

Página 101 - Foguete fatiado e queijo parmesão

Página 103 - Garoto com vinho branco

Página 105 - Escalopes da Turquia

Página 107 - Dourada assada

Página 109 - Frango guisado

Pag.111 - Pizza com tomate, mozzarella de búfala e salame picante

Página 113 - Sopa bolonhesa

Página 115 - Bife de filete com pimentas

Página 117 - Pizza com atum e cebola

Pag.119 - Torta saborosa de cogumelos e ricota de queijo

Página 121 - Ensopado de linguiça e rosmaninho

Pag.123 - Porchetta

Página 125 - Guisado de camarão

Página 127 - Ensopado de carne bovina

Página 129 - Guisado de grão-de-bico

Página 131- Frango e polenta

Página 133 - Croquetes de atum

Página 135 - Robalos e mexilhões

Página 137 - Almôndegas de carne suína

Página 139 - Carne de porco assada

Página 141 - Frango com rosmaninho

Página 143 - Tagliatelle com manteiga e sálvia

Página 145 - Sopa de lentilha

Página 147 - Hambúrgueres de carne suína

Página 149 - Sopa de legumes

Página 151 - Giardiniera Vegetais

Página 153 - Costeletas de porco

Página 155 - Salsichas e beringelas

Página 157 - Almôndegas de salsicha

Página 159 - Beringelas recheadas

Página 161- Sanduíche de carne bovina

Página 163 - Robalo assado

Página 165 - Estilo italiano soletrado

Página 167 - Cozido italiano
Página 169 - Calzone
Página 171 - SWEETS
Página 171 - Tiramisu
Página 173 - Torta de cereja preta
Página 175 - Chocolate panna cotta
Página 177 - Panna cotta com bagas silvestres
Página 179 - Baci di dama
Página 181 - Cannoli
Pag.183 - Pandoro com limão e pistachios
Página 185 - Polenta de mirtilo doce
Página 187 - Panna Cotta de Morango
Página 189 - Torta de merengue de limão
Página 191 - Bolo de sorvete de Tiramisu
Página 193 - Bolo de Ricotta
Página 195 - Bolo de creme de leite
Página 197 - Bolo de chocolate
Página 199 - Pizza de Páscoa da região das Marcas
Página 201 - Bolo de arroz
Página 203 - Bolo de morango
Página 205 - Cheesecake de anis
Página 207 - Torta de creme de limão
Página 209 - Bolachas de figos

INTRODUÇÃO

Em minha carreira como chef, vi muitas pessoas se aproximarem da cozinha por um tempo, cheias de entusiasmo e de motivação.

Então, após alguma tentativa e erro, eles desistiriam e prefeririam ir a um restaurante de fast food.

Tudo isso é um pouco parte da mentalidade deletéria do "eu quero tudo agora".

Graças aos inúmeros programas de culinária, a idéia de que cozinhar qualquer coisa é fácil, um pedaço de bolo: apenas uma lista de ingredientes e pronto.

Bem, sinto muito, mas não é o caso. Um chef leva anos de trabalho duro todos os dias para adquirir certas habilidades: não existe alguém que tenha aprendido a fazer pratos complicados da noite para o dia.

Este livro de receitas deve, portanto, ser um passo inicial, com receitas exeqüíveis e um baixo quociente de dificuldade.

Então, se a paixão continuar, haverá tempo para tornar as mais complexas.

ANTIPASTI

Discos de lentilha e brócolis

Preparação: 60 minutos

Dificuldade: fácil

Serve 4

Ingredientes

- 3 colheres de óleo
- 4 Cebolas Tropea
- 200 gramas de lentilhas
- 2 colheres de sopa de alecrim
- 1 colher de sopa de caldo de legumes em pó
- 20 gramas de vinagre balsâmico
- 350 gramas de aipo
- 350 gramas de batatas
- 2 x 160 gramas de brócolis
- 50 gramas de queijo parmesão ralado

Preparação

1

Aqueça o óleo em uma frigideira antiaderente e salteie as cebolas até dourar. Coloque um pote cheio de água para ferver. Despeje as lentilhas, alecrim, caldo e vinagre balsâmico nas cebolas, despeje em 1 litro de água fervente e deixe ferver durante 40 minutos para amolecer as lentilhas.

2

Coloque metade dos brócolos durante 2 minutos em uma panela quente com uma gota de óleo sem deixá-la encharcada demais.

3

Coloque as lentilhas em quatro pratos com um copo de massa, e espalhe o parmesão ralado em cima. Cobri-los com o molho e colocá-los no forno com a função de *grill* a 200 graus por cerca de 10 minutos. Servir com espinafre, também quente e temperado com muita manteiga.

Berinjela parmigiana

Cozimento: 1 hora

Dificuldade: fácil

Atende 2 pessoas

Ingredientes

- 2 beringelas de médio porte
- 350 gramas de polpa de tomate
- 250 gramas de mozzarella de búfala (ou mozzarella de leite de vaca)
- 40 gramas de queijo parmesão ralado
- 10 folhas de manjericão

Preparação

Aqueça o forno a cerca de 200 graus.

Lave e corte as beringelas em fatias e disponha-as em um prato de forno, fazendo um pequeno furo no centro de cada uma.

Coloque bastante azeite de oliva por cima.

Cozer no forno por cerca de 50 minutos até secar. Coloque a polpa de tomate em uma tigela e tempere com óleo, sal, pimenta e manjericão. Despeje o tomate sobre a berinjela e a mozzarella fatiada, tendo o cuidado de distribuir tudo bem ao redor da panela, e termine com uma polvilhada de queijo parmesão.

Coloque-os de volta no forno e deixe-os por cerca de 10 minutos até que a mozzarella esteja fibrosa. Servir muito quente como por tradição

Panzanella

Tempo de cozimento: 40 minutos

Dificuldade: média

Atende 4-6 pessoas

Ingredientes

- 1kg de tomate maduro
- 300g de pão amanhecido
- 100ml de azeite de oliva extra virgem
- 2 chalotas
- 50 g de anchovas enlatadas
- 100g de azeitonas pretas
- 10 folhas de manjericão

Preparação

1

Aqueça o forno a 200 graus. Coloque os tomates em uma tigela e polvilhe com 1 colher de sopa de sal, depois deixe repousar por 15 minutos.

2

Espalhe os pedaços de pão uniformemente sobre uma assadeira e regue com bastante óleo e alho. Coloque no forno por cerca de 15 minutos até ver uma torrada leve.

Cortar a chalota e as azeitonas, polvilhar com bastante óleo. Misture os tomates, as anchovas previamente picadas, as azeitonas, a chalota e o manjericão. Acrescentar óleo e pimenta.

Partir o pão em pedaços pequenos, misturar com tudo o resto.

Servir com as folhas de manjericão restantes.

Gratinado de cogumelo, batata e bacon

Cozimento: 3 horas

Dificuldade: média

Ingredientes para 4 pessoas

- 6 dentes de alho
- 1 cebola
- 3 raminhos de tomilho
- 700 ml de creme
- 700ml de leite integral
- 250g de bacon cortado em cubos
- 60g de manteiga
- 250g de cogumelos (chiodini ou porcini)
  1 kg de batatas

Preparação

1

Colocar os dentes de alho, cebola, tomilho, creme e leite em uma panela. Ferver em fogo baixo, cobrir com uma tampa e cozinhar por 30 minutos até que a mistura tenha engrossado.

2

Remover os restos das ervas. Colocar os cubos de guafe em uma frigideira e cozinhar até suar, ou seja, a gordura derreteu. Adicione a manteiga e os cogumelos e aumente o calor para fritá-los.

3

Corte as batatas em fatias muito finas, deixando a pele sobre ela. Unte um prato de forno com um pouco de manteiga. Coloque as batatas em camadas, espalhando sobre elas um pouco de bacon, os cogumelos e um pouco de pimenta. Termine despejando o creme sobre elas, certificando-se de que ele pingue sobre todas as camadas, e cubra com folha de alumínio.

4

Aqueça o forno a 200 graus. Cozer o gratinado por 1 hora, depois remover a folha de alumínio e assar por mais uma hora ou até que tenha feito uma crosta em cima. Deixar para descansar e servir.

Focaccine com azeitonas

Cozimento: 30 minutos

Dificuldade: fácil

Ingredientes para 6 pessoas:

- 400g de farinha
- 1 colher de sopa de levedura
- 1 colher de chá de sal
- 60g de manteiga
- 5 colheres de sopa de azeite de oliva extra virgem
- 8 tomates secos
- 150g de taleggio em cubos
- 20 azeitonas pretas, picadas e cortadas pela metade
- 400 ml de leite integral
- 1 ovo batido

Preparação

1

Aqueça o forno a 200 graus.

Manteiga uma assadeira. Em uma tigela misturar farinha, fermento em pó e sal.

Inserir manteiga, óleo, tomate, queijo e azeitonas. No centro, inserir o leite e misturar em um movimento circular até que tudo se torne uma grande massa pegajosa.

2

Unte suas mãos e superfície de trabalho e forme a massa em um círculo de cerca de 4 centímetros de espessura. Corte em seis fatias e disponha-as bem separadas sobre a assadeira.

Escovar com ovo batido e assar por 15-20 minutos até que se levantem. Transferência para uma grade de arame e cobertura com papel vegetal.

Omelete de queijo

Tempo de cozimento: 15 minutos

Dificuldade: fácil

Ingredientes para 1 pessoa:

- 3 colheres de sopa de azeite de oliva
- 4 ovos batidos
- 50 gramas de queijo de cabra
- 1 colher de sopa de cebolinho
- Sal e pimenta a gosto

Preparação

1

Aqueça o azeite de oliva em uma frigideira grande. Despeje os ovos na frigideira, que se firmará imediatamente.

2

Levante as bordas cozidas da omelete com uma espátula e incline a frigideira para que o ovo cru se vire. Seja muito cuidadoso durante esta etapa.

Continue cozinhando, levantando as bordas e inclinando a panela, até que a omelete esteja quase uniforme.

Retirar do fogo e escovar com ovo por cima.

3

Polvilhe a omelete com o queijo de cabra, o cebolinho, sal e pimenta. Levante uma borda e dobre a omelete no meio sobre o queijo e o cebolinho, depois dobre o outro lado até que todos os topos estejam cobertos.

Servir com uma pitada de cebolinho ou outras especiarias a gosto.

Abobrinhas recheadas

Tempo de cozimento: 40 minutos

Dificuldade: fácil

Serve 4

Ingredientes

- 8 abobrinhas, cortadas em dois
- 8 colheres de sopa de azeite de oliva extra virgem
- 100g de farinha de rosca
- 50g de amêndoas
- 10 chalotas
- 1 dente de alho
- 8 tomates secos
- 8 sottilette
- 3 folhas de louro
- 50 gramas de queijo parmesão

Método

1

Aqueça o forno a 200 graus.

Disponha a abobrinha em uma única camada em uma assadeira rasa, cortada lateralmente. Escovar

com 1 colher de sopa de óleo e assar por 20
minutos.

2

Para o recheio, pique as amêndoas, chalotas e
tomates secos ao sol em pedaços pequenos e
misture todos os ingredientes em uma saladeira.

3

Despeje o recheio sobre a abobrinha e regue com o
restante do azeite de oliva. Cozer por mais 15
minutos, até que haja uma crosta na superfície.

Salada italiana

Preparação: 15 minutos

Dificuldade: fácil

Serve 8

Ingredientes:

- 400g de feijão borlotti
- 200g de tomate cereja
- 4 anchovas
- 10 gr de alcaparras
- 20 azeitonas pretas
- 10 folhas de manjericão

Método

1

Cozinhar o feijão em água com sal fervente até que esteja crocante, mas sem perder a textura.

Esvazie-os e tempere com bastante óleo, sal e pimenta.

2

Em uma tigela, misture as anchovas picadas, alcaparras e azeitonas. Misture tudo junto e sirva.

Salsicha e friarielli

Preparação: 20 minutos
Dificuldade: fácil

Porções: 4
Ingredientes

- 4 salsichas
- 80 gramas de friarielli em frasco
- 1 cebola
- 1 dente de alho
- Chilli
- Óleo qb
- Pimenta a gosto

Método

1
Retirar as tripas da salsicha.
Aqueça três colheres de sopa de azeite de oliva em uma frigideira e salteie as salsichas nela até escurecerem completamente.

2
Em uma panela, dourar o alho em um pouco de óleo e a malagueta: quando o alho estiver dourado, retirar da panela.
Acrescente o friarielli e salteie por cinco minutos.

Depois acrescente a salsicha, refogue tudo junto por dois minutos e polvilhe com pimenta.

Croquetes de arroz

Preparação: 1 hora e meia
Dificuldade: média

Porções: 5
Ingredientes

- 100 gramas de carne de porco
- 100 gramas de mortadela
- 100 gramas de carne bovina
- 5 xícaras de água salgada
- 300 gramas de arroz branco
- 50 gramas de queijo parmesão
- 30 gramas de pão ralado seco
- 4 ovos
- 4 colheres de salsa
- Sal q.b.
- 1 xícara de pão ralado seco para o revestimento
- Azeite de oliva qb

Método
1
Combine a carne de porco, mortadela e carne bovina em uma panela com um pouco de óleo e ferva em fogo brando por meia hora.

2

Ferva a água e despeje o arroz, depois reduza o calor e deixe o arroz em fogo brando por meia hora.

3

Coloque o arroz pronto em uma assadeira para esfriar por 10 minutos. Em seguida, coloque o arroz em uma grande terrina de sopa. Cuidado para não deixá-lo ficar junto.

4

Misture a carne, queijo parmesão ralado, ovos, salsa, sal e pimenta-do-reino moída. Refrigerar por duas horas coberto com filme plástico.

5

Retirar o arroz da geladeira e moldá-lo em bolas de arroz com cerca de 2 polegadas de diâmetro, depois mergulhá-las em pão ralado.

6

Coloque os croquetes em uma frigideira em fogo alto com bastante óleo e deixe-os cozinhar por cerca de 10 minutos. Em seguida, coloque uma folha de papel de cozinha em um prato e permita que o óleo seja absorvido.

Tomates, ervilhas e batatas

Preparação: 1 hora

Dificuldade: média

Serve 6

Ingredientes

- 10 colheres de sopa de azeite de oliva
- 1 cebola grande, finamente picada
- 40 gramas de aipo
- 6 cenouras
- 4 pimentas
- 4 tomates
- 3 batatas
- 2 colheres de purê de tomate
- 2 x 400 g de latas de tomate picado
- 2 folhas de louro

Método

1

Aquecer o óleo em uma frigideira com alho até dourar.

Salteie a cebola, o aipo e as cenouras por 15 minutos, depois acrescente as pimentas e continue por 10 minutos.

2

Adicione tomates, purê de tomate, tomates picados e batatas fatiadas. Acrescentar pimenta e cozinhar por meia hora.

Despeje em uma terrina de sopa, tempere com óleo adicional e mais pimenta.

Sanduíche com salsicha e queijo

Preparação: 10 minutos

Dificuldade: fácil

Serve 1 pessoa

Ingredientes

- 2 salsichas cortadas ao meio
- 1 sanduíche de leite
- 50 gramas de queijo fontina
- 1 pimenta assada
- 1 cebola

Método

1

Aqueça a grelha.

Coloque as salsichas em uma assadeira com a abertura virada para baixo e grelhe por 5 minutos, até que elas tenham uma crosta carbonizada.

Colocar o pão fatiado em uma frigideira e soltar por alguns minutos, até tostar. Espalhe com alho.

2

Coloque duas fatias de queijo fontina em cada fatia de pão. Acrescente as salsichas.

Pizz a com presunto

Preparação: 40 minutos

Dificuldade: média

Atende 4 pessoas

Ingredientes:

Para a massa de pizza

- 800g de farinha 00
- 2 colheres de chá de levedura seca
- 2 colheres de chá de açúcar
- Cinco colheres de sopa de azeite de oliva
- 100ml de molho de tomate
- 1 dente de alho esmagado

Para o curativo

- 400g de mozzarella
- 12 fatias de presunto cozido

Método

1

Coloque a farinha, o fermento em uma tigela grande. 200ml de água fria e 200ml de água fervente em um jarro e misturar. Adicione o óleo e 1 colher de chá de sal à água quente e, em seguida, despeje sobre a farinha. Amassar a massa até ficar macia.

2

Amassar a massa por 15 minutos com um pouco de farinha. Volte a colocá-lo na tigela e cubra com um lençol. Deixar para se levantar em um lugar quente por 1 hora.

3

Aqueça o forno a 200 graus e coloque-o sobre uma assadeira. Uma vez que a massa tenha subido, vire-a e faça o processo novamente com a farinha.

4

Despeje os ingredientes para o molho de tomate em uma tigela, tempere com sal e pimenta e misture bem.

5

Coloque a base de pizza em uma assadeira. Despeje quatro colheres de sopa de molho de tomate e o queijo mozzarella na parte superior. Cozer por 15 minutos

6

Retire a pizza e coloque as fatias de prosciutto em cima da mozzarella.

Patés de frango

Preparação: 40 minutos
Dificuldade: fácil
Porções: 6
Ingredientes

- 1kg de frango picado
- 50gr de farinha de rosca
- 30gr de queijo parmesão
- 1 colher de sopa de tomilho
- 1 colher de sopa de orégano
- 2 colheres de sopa de alecrim
- 30gr de molho de tomate
- Sal e pimenta a gosto

Método
1

Aqueça o forno a 200 graus.

2

Em uma tigela, misture os ingredientes (exceto o tomate) e tente formar bolas.

Coloque-os em uma assadeira. Cozer cerca de 20 minutos ou verificar o interior da massa para ver como estão cozidos.

3

Em uma frigideira, marrom um dente de alho, retire-o e despeje no tomate. Deixe-o reduzir e depois tempere-o com um pouco de orégano.

4

Tire as almôndegas do forno e cubra com o molho de tomate.

PRIMEIROS CURSOS

Esparguete com frutos do mar

Preparação: 30 minutos

Dificuldade: fácil

Porções: 2

Ingredientes

- 5 colheres de sopa de azeite de oliva
- 1 cebola
- 400gr de espaguete
- 40gr de mexilhões
- 40gr de amêijoas
- 40gr de camarões
- 10gr de salsa

Método

1

Aqueça o óleo em uma frigideira grande, depois doure a cebola em fogo médio por 5 minutos.

Acrescente os frutos do mar previamente lavados e sem areia: primeiro os mexilhões e amêijoas matizados com vinho branco, depois, uma vez abertos, os camarões.

2

Em uma panela de água fervente, despeje o espaguete. Cozinhe-os por cerca de 5 minutos, depois drene-os diretamente na panela e continue cozinhando por mais 3 minutos, despejando um pouco da água de cozimento.

3

Servir guarnecido com salsa picada e pimenta.

Risoto de abobrinha e bacon

Preparação: 40 min

Dificuldade: média

Atende 2 pessoas

Ingredientes

- 70gr de manteiga
- 1 cebola pequena, cortada em cubos
- 300g de arroz Arborio ou Carnaroli
- 500ml de caldo de legumes
- 2 abobrinhas fatiadas
- 40gr de bacon cortado em cubos
- 50gr de queijo parmesão para cremesão

Método

1

Coloque a manteiga em uma frigideira grande em fogo médio. Adicionar a cebola e marrom por 5 minutos até amolecer.

Despeje o arroz e deixe tostar por cerca de 5 minutos para ajudar no cozimento subseqüente.

2

Despeje o caldo de vegetais fervente um pouco de cada vez, continuando a mexer até que o líquido seja absorvido.

3

Despeje as abobrinhas e o bacon e cozinhe por cerca de 5 minutos. Retire o arroz do fogo e polvilhe com queijo parmesão para torná-lo cremoso.

Risotto de cogumelos

Preparação: 1 hora

Dificuldade: média

Serve 4

Ingredientes

- 75g de manteiga
- 1 chalota
- 200g de cogumelos porcini
- 300g de arroz carnaroli
- 100 ml de vinho branco
- 500ml de caldo de legumes
- 20 gr de salsa
- 50 gr de queijo parmesão

Método

1

Aqueça a manteiga em uma pequena panela.
Acrescente a cebola e marrom por 4 minutos.
Adicione o arroz e deixe-o torrado.

2

Acrescentar os cogumelos. Despeje o vinho e mexa
lentamente até que ele se tenha evaporado.

3

Reduzir com um calor suave. Despeje o caldo de
legumes aos poucos e continue mexendo. Faça isso

cerca de vinte vezes até os cogumelos e o arroz ficarem espessos e cremosos.

4

Desligue o fogo, acrescente o queijo parmesão e o manjericão e deixe-o girar por dois minutos.

Espaguete carbonara

Preparação: 20 minutos

Dificuldade: fácil

Atende 2 pessoas

Ingredientes

- 100g de bacon
- 1000g de queijo pecorino
- 3 ovos grandes
- 300g de spaghetti
- Pimenta

Método

1

Colocar um grande pote de água para ferver. Corte o guife e derreta-o em uma frigideira sem óleo.

2

Bata os 3 ovos grandes em uma tigela, adicione o queijo pecorino ralado e a pimenta até que ele se torne uma mistura pastosa.

3

Baixar o espaguete para a água fervente.

4

Quando o esparguete estiver cozido, despeje-o na panela de guafe e misture por um minuto para deixar a gordura colar.

5

Desligue o calor. Despeje os ovos e o queijo e misture lentamente, para não fazer uma omelete. Acrescente uma concha de água de cozimento para torná-los mais cremosos.

Macarrão com pesto

Preparação: 30 minutos

Dificuldade: fácil

Atende 3 pessoas

Ingredientes

- 300gr de espaguete
- 60g de pinhões
- 100g de manjericão
- 50 g de pecorino romano
- 200ml de azeite de oliva extra virgem
- 2 dentes de alho
- Pimenta a gosto

Método

1

Adquira uma argamassa.

Despeje o alho, sal e pimenta e bata neles. Em seguida, despeje as folhas de manjericão e as bata por muito tempo, adicionando uma gota de óleo de vez em quando.

Despeje os pinhões e siga o mesmo procedimento.

Em seguida, despeje o queijo pecorino e mais óleo.

2

Em uma panela de água fervente com sal despeje o espaguete. Quando estiverem cozidos, despeje-os em uma terrina.

3

Coloque o pesto em cima e misture. Não aqueça-a porque ela vai oxidar o manjericão.

Lasanha

Preparação: 2 horas
Dificuldade: média

Porções: 10 pessoas
Ingredientes

1 cebola, picada
250gr de tomate
200gr de carne picada
30 folhas para lasanha
2 ovos grandes
1 xícara de leite

Método

1

Marrom a cebola em uma frigideira. Acrescentar o tomate e cozinhar por cerca de uma hora até ser reduzido. Depois acrescente a carne picada e cozinhe por mais uma hora.

2

Misture a ricota, ovo, leite e 1 colher de chá de tomilho em uma tigela.

3

Espalhe o tomate no fundo de uma assadeira.
Fazer camadas com a folha de lasanha, molho de
tomate, carne desfiada e queijo ricota.
Repita as camadas 4 vezes.

5

Colocar no forno e assar a 180 graus por uma hora.

Macarrão com pesto siciliano

Preparação: 40 minutos

Dificuldade: fácil

Atende 3 pessoas

Ingredientes

- 300gr de espaguete
- 60g de pinhões
- 100g de ricotta
- 50gr de tomate seco
- 50 g de pecorino romano
- 200ml de azeite de oliva extra virgem
- 2 dentes de alho
- Pimenta a gosto

Método

1

Adquira uma argamassa.

Despeje o alho, sal e pimenta e bata neles. Em seguida, despeje os tomates secos ao sol e os bata por um longo tempo, adicionando uma gota de óleo de vez em quando.

Despeje os pinhões e siga o mesmo procedimento.

Em seguida, despeje a ricota, o pecorino e mais óleo.

2

Em uma panela de água fervente com sal despeje o espaguete. Quando estiverem cozidos, despeje-os em uma terrina.

3

Coloque o pesto em cima e misture. Não aqueça.

Pasta alla Puttanesca

Preparação: 30 minutos

Dificuldade: fácil

Serve 4

Ingredientes

- 700 g de tomates cereja
- 40gr de azeite de oliva
- 1 cebola, finamente picada
- 1 colher de sopa de chilli
- 1 colher de sopa de alcaparras salgadas
- 60g de azeitonas pretas sem caroço
- 5 filetes de anchovas
- 400gr de espaguete

Método

1

Ferva um pote de água e despeje no espaguete.

2

Em uma panela, despeje o óleo, a cebola e as anchovas picadas. Sauté por dois minutos, depois acrescente os tomates cereja.

2

Após dez minutos de cozimento, acrescente as alcaparras e as azeitonas.

3

Esvazie o esparguete, despeje na panela junto com uma colher de sopa de água de cozimento. Mexer-fritar por dois minutos e servir.

gnudi toscano

Preparação: 50 minutos

Dificuldade: fácil

Serve 8

Ingredientes

- 600g de espinafre,
- 600g de ricotta
- 100g de gemas de ovo
- 70g de pão ralado seco
- 70g de farinha 00
- noz-moscada
- 200gr de queijo parmesão
- 50g de manteiga

Método

1

Cozinhar os espinafres por 5 minutos e lavar o excesso de líquido. Cortar finamente os espinafres. Coloque o espinafre em uma tigela com o queijo ricota, gemas, pão ralado, farinha, noz moscada ralada e queijo parmesão. Misture bem.

2

Faça 32 bolas com suas mãos desta mistura.
Coloque-os em uma assadeira e deixe-os esfriar.

3

Levar um grande pote de água salgada para ferver.
Coloque o gnudi na água e cozinhe por 3 minutos.
Escorra-os em uma panela com um pouco de
manteiga derretida e sirva polvilhando-os com
queijo parmesão.

Sopa de feijão

Preparação: 30 minutos
Dificuldade: fácil

Porções:4
Ingredientes

- 2 cenouras
- 1 cebola grande
- 100gr de cogumelos chiodini
- 1 dente de alho
- 3 xícaras de água
- 2 latas de feijão borlotti
- 1 lata de feijão branco espanhol
- 50ml de caldo de legumes
- Sal e pimenta a gosto

Método

1

Despeje cinco colheres de sopa de óleo em uma frigideira. Salteie a cenoura e a cebola por 5 minutos, depois acrescente os cogumelos e cozinhe por mais 15 minutos.

2

Despeje na água, feijão com caldo líquido e vegetal. Levar à ebulição, cobrir o pote com uma tampa e ferver em fogo brando por 20 minutos. Servir com pimenta e salsa.

Massas com salsicha e friarielli alla campana

Preparação: 30 minutos

Dificuldade: fácil

Serve 4

Ingredientes

- 500g de spaghetti
- 200g de friarielli
- 5 colheres de sopa de azeite de oliva extra virgem
- 1 dente de alho
- 30g de chilli
- 2 linguiças de porco preto
- 20g de queijo pecorino

Método

1

Em uma frigideira coloque o óleo, o alho, a pimenta malagueta e o friarielli. Sauté por dois minutos.

2

Adicione a salsicha e deixe-a temperar, perfurando a superfície com um garfo.

3

Em um pote de água fervente, coloque o espaguete. Quando estiverem cozidos, drená-los na panela e salteá-los por 4 minutos.

4

Servir com os flocos de pecorino.

Rigatoni brócolis e salsicha

Preparação: 30 minutos

Dificuldade: fácil

Porções: 4

Ingredientes

- 500gr de rigatoni
- 100gr de salsicha
- 1 cebola
- 40gr de brócolis
- 10gr de queijo parmesão
- 2 colheres de salsa
- Sal e pimenta a gosto

Método

1

Ferver água em uma panela.
Cozinhe o rigatoni al dente e reserve uma xícara da água de cozimento.

2

Enquanto isso, coloque a cebola em uma panela com um pouco de óleo, doure-a e jogue os brócolis para cozinhar um pouco. Adicione um pouco de água de cozimento e cubra com uma tampa e cozinhe por 10 minutos.

3

Após 10 minutos, levante a tampa e coloque a salsicha por alguns minutos, talvez seja melhor se você a desmoronar primeiro. Drenar a massa, colocá-la na panela, cozinhar por cinco minutos e servir.

Rigatoni brócolis e salsicha

Preparação: 30 minutos

Dificuldade: fácil

Porções: 4

Ingredientes

- 500gr de rigatoni
- 100gr de salsicha
- 1 cebola
- 40gr de brócolis
- 10gr de queijo parmesão
- 2 colheres de salsa
- Sal e pimenta a gosto

Método

1

Ferver água em uma panela.

Cozinhe o rigatoni al dente e reserve uma xícara da água de cozimento.

Enquanto isso, coloque a cebola em uma panela com um pouco de óleo, doure-a e jogue os brócolis para cozinhar um pouco. Adicione um pouco de água de cozimento e cubra com uma tampa e cozinhe por 10 minutos.

3

Após 10 minutos, levantar a tampa e colocar a salsicha por alguns minutos. Drenar a massa, colocá-la na panela, cozinhar por cinco minutos e servir.

Risoto de cevada e ervilhas

Preparação: 40 minutos

Dificuldade: média

Atende 3 pessoas

Ingredientes

- 300gr de arroz carnaroli
- 1 cebola
- 2 dentes de alho
- 100gr de cevada
- 1 litro de caldo de legumes
- 100gr de ervilhas
- 1 colher de sopa de tomilho
- 50gr de manteiga
- 40gr de queijo parmesão

Método

1

Derreta a manteiga em uma panela, doure a cebola e derrame no arroz para tostar por 3-4 minutos.

2

Ferver cenouras, aipo e cebolas para fazer caldo de vegetais. Um litro está bem. Lentamente acrescente à panela e mexa.

3

Quando o caldo estiver prestes a acabar, acrescente a cevada e as ervilhas e continue mexendo.

4

Após alguns minutos, retire o risoto do fogo e polvilhe com queijo parmesão para cremá-lo. Servir após dois minutos.

Fettuccine alfredo

Preparação: 25 minutos

Dificuldade: fácil

Atende 3 pessoas

Ingredientes

- 300gr de fettuccine
- 50g de manteiga
- 100g de queijo parmesão, ralado
- 50gr de creme
- 10gr de cebolinho

Método

1

Em uma panela, despeje o creme, a manteiga e o queijo parmesão e deixe em fogo brando por 5 minutos até formar um creme uniforme.

2

Ferva dois litros de água em uma panela e despeje o fettuccine, tendo cuidado para não deixá-los grudar. Cozinhar por três minutos.

3

Despeje o fettuccine na panela junto com um copo de água de cozimento. Cozinhe por mais um minuto e sirva.

Macarrão com pesto de nozes

Preparação: 30 minutos

Dificuldade: fácil

Serve 4

Ingredientes

- 300gr de espaguete
- 60g de nozes
- 100g de ricotta
- 50 g de pecorino romano
- 200ml de azeite de oliva extra virgem
- 2 dentes de alho
- Pimenta a gosto

Método

1

Adquira uma argamassa.

Despeje o alho, sal e pimenta e bata neles. Em seguida, despeje as nozes e bata nelas, adicionando uma gota de óleo de vez em quando.

Em seguida, despeje a ricota, o pecorino e mais óleo.

2

Em uma panela de água fervente com sal despeje o espaguete. Quando estiverem cozidos, despeje-os em uma terrina.

3

Coloque o pesto em cima, uma xícara da água de cozimento da massa e misture.

Creme de feijão e espelta

Preparação: 40 minutos
Dificuldade: fácil

Porções:4
Ingredientes

- 3 cenouras
- 1 cebola grande
- 100gr de cevada
- 1 dente de alho
- 2 latas de feijão borlotti
- 2 latas de feijão branco espanhol
- 50ml de caldo de legumes
- Sal e pimenta a gosto

Método

1

Despeje cinco colheres de sopa de óleo em uma frigideira. Salteie a cenoura e a cebola por 5 minutos, depois acrescente o farro e solte-o por mais 15 minutos.

2

Despeje na água, feijão com caldo líquido e vegetal. Ferva, cubra a panela com uma tampa e deixe ferver durante 20 minutos. Servir com pimenta e salsa.

Penne com lentilhas

Preparação: 40 minutos

Dificuldade: fácil

Serve 4

Ingredientes

- 1 cebola
- 2 cenouras
- 1 aipo
- 200gr de purê de tomate
- 150 gr de lentilhas
- 1 colher de sopa de curcuma
- 2 colheres de sopa de tomilho
- 500gr de penne rigate

Método

1

Aqueça o óleo em uma grande frigideira antiaderente e salteie as cebolas por alguns minutos. Adicione as cenouras, o aipo e o alho e salteie por mais 3 minutos até que o salteado esteja perfumado.

2

Despeje o tomate e deixe-o reduzir por 10 minutos. Adicione as lentilhas, o açafrão-da-terra e o tomilho e deixe em fogo brando por 20 minutos.

3

Adicione a caneta e cozinhe por mais 15 minutos, acrescentando um pouco de água se necessário.

Salada de macarrão

Preparação: 30 minutos

Dificuldade: fácil

Porções: 2

Ingredientes

- 300gr de pennette
- 10 azeitonas pretas, fatiadas
- 5 alcaparras
- 5 fatias de wusterl
- 1 pimentão vermelho cortado em cubos
- 30gr de presunto cortado em cubos

Método

Passo 1

Em uma grande panela de água fervente com sal, cozinhe a massa, depois lave-a sob água fria, salgue novamente e deixe-a esfriar.

Etapa 2

Em uma tigela grande, misture todos os ingredientes e regue com azeite de oliva. Deixe ficar de pé e sirva frio.

Massas com salmão e pesto de azeitonas

Preparação: 30 minutos

Dificuldade: fácil

Atende 3 pessoas

Ingredientes

- 300gr de espaguete
- 100gr de salmão defumado
- 60g de pinhões
- 100g de azeitonas pretas
- 50 g de pecorino romano
- 200ml de azeite de oliva extra virgem
- 2 dentes de alho
- Pimenta a gosto

Método

1

Adquira uma argamassa.

Despeje o alho, sal e pimenta e bata neles. Em seguida, despeje as azeitonas e bata por um longo tempo, adicionando uma garoa de azeite de vez em quando.

Despeje os pinhões e siga o mesmo procedimento.

Em seguida, despeje o queijo pecorino e mais óleo.

2

Em uma panela coloque cinco colheres de sopa de óleo, um dente de alho e deixe passar dois minutos, depois retire o alho e coloque o salmão.

3

Em uma panela de água fervente com sal despeje o espaguete. Quando estiverem cozidos, despeje-os na panela com o salmão.

4

Coloque o pesto em cima e misture. Não aqueça.

Risotto com banha e trufa negra

Preparação: 50 minutos

Dificuldade: média

Serve 4

Ingredientes

- 50g de manteiga
- 60gr de banha de porco
- 1 chalota
- 500gr de arroz carnaroli
- 150 ml de vinho branco
- 1 litro de caldo de galinha
- 50 g de queijo parmesão ralado
- Flocos de trufas negras

Método

1

Aqueça a manteiga em uma grande frigideira. Adicione a cebola e deixe marrom. Colocar o arroz em torradas.

2

Adicione a banha e deixe-a derreter por alguns minutos, depois adicione o arroz e deixe-a torrar.

3

Despeje o caldo de galinha. Continuar cozinhando, mexendo, por 5 minutos. Adicionar e cozinhar em fogo médio por 20 minutos, despejando no caldo e mexendo.

4

Continue cozinhando, mexendo com muita freqüência.

Quando o arroz estiver cozido, retire do fogo, mexa a manteiga e o queijo parmesão e deixe esfriar um pouco.

5

Guarnição com aparas de trufas pretas e serviço.

Sopa de legumes

Preparação: 30 minutos

Dificuldade: fácil

Atende 5 pessoas

Ingredientes

- 3 cenouras
- 1 batata
- 1 colher de sopa de alecrim seco
- 500gr de grão de bico
- 50gr de polpa de tomate
- 100ml de caldo de legumes
- 20gr de queijo azul

Método

1

Despeje as verduras em um vaso com o alecrim, o caldo de verduras. Temperar bem, mexer, ferver e cobrir com uma tampa. Cozinhar em fogo médio por 10 minutos.

2

Despeje o grão de bico na panela, um pouco de óleo e pimenta, um pouco de alecrim seco e deixe por cinco minutos.

3

Despeje o tomate e deixe-o ir por 10 minutos, ajustando a acidez com um pouco de açúcar.

Rigatoni com amêndoas e Taleggi ou

Preparação: 50 minutos

Dificuldade: média

Serve 6

Ingredientes

- 75 ml de azeite de oliva extra virgem
- 100gr de manteiga
- 1 dente de alho
- 40gr de amêndoas
- 1 limão
- 30gr de queijo parmesão
- 700gr de rigatoni
- 150gr de queijo taleggio
- Algumas folhas de sálvia

Método

1

Coloque a manteiga em uma frigideira com o óleo para derreter em fogo brando. Em outra panela, colocar as amêndoas para brindar por alguns minutos.

2

Leve um pote de água fervente para ferver, adicione sal e despeje nos rigatorni

3

Adicione a sálvia e as amêndoas à panela. Após três minutos acrescente o queijo taleggio e deixe-o derreter em fogo brando até que a massa esteja pronta.

4

Drenar a massa e despejá-la na panela junto com um copo de água de cozimento. Mexer para criar um creme e servir.

Rolinhos de abobrinha com espinafre e requeijão

Preparação: 40 minutos

Dificuldade: fácil

Atende 3 pessoas

Ingredientes

- 3 abobrinhas, fatiadas longitudinalmente
- 400g de espinafre
- 300gr de requeijão
- pimenta
- 300gr de molho de tomate
- 5 colheres de sopa de migalhas de pão
- 4 colheres de queijo parmesão ralado

Método

1

Aqueça o forno a 200 graus.

Escovar os dois lados das fatias de abobrinha com óleo e depois colocá-las sobre uma assadeira. Cozer por 20 minutos, virando uma vez.

2

Ferva o espinafre por alguns minutos e depois em uma bandeja de cubos de gelo para que não perca sua cor. Mexer na ricotta, pimenta e pão ralado.

3

Coloque um pouco de espinafre e ricota no meio de cada fatia de abobrinha, dobre-a para cobri-la e coloque-os em uma assadeira de forno Deite o molho de tomate sobre eles, polvilhe com pão ralado e queijo parmesão e asse por 20 minutos até ficarem dourados e quentes.

Paccheri com salsicha e brócolis

Preparação: 20 minutos

Dificuldade: fácil

Serve 4

Ingredientes

- 500gr de paccheri
- 50gr de brócolis
- 300gr de salsicha picante
- 1 colher de sopa de funcho selvagem
- 1 dente de alho
- 1 malagueta
- 40gr de queijo parmesão ralado

Método

1

Coloque os paccheri em bastante água com sal e cozinhe-os por 20 minutos.

Em uma frigideira, coloque o alho, o óleo e a pimenta malagueta e solte, em seguida, despeje os brócolis.

2

Após dez minutos, retire o alho e despeje na salsicha picada. Cozinhar por oito minutos, despejando no funcho selvagem.

3

Drenar a massa e colocar na frigideira. Despeje uma concha cheia da água de cozimento e deixe-a ir por mais dois minutos. Polvilhe com queijo parmesão e sirva.

Torta salgada com batatas e presunto

Preparação: 1 hora e 30 minutos

Dificuldade: média

Serve 6-8 pessoas

Ingredientes

Para as massas

- 200g de manteiga clarificada
- 400g de farinha 00
- sal

Para o enchimento

- 700g de batatas
- 1 cebola, finamente picada
- Seis colheres de sopa de óleo
- 3 dentes de alho
- 200g de queijo taleggio
- 200g de presunto cozido
- 1 ovo batido

Método

1

Preparar a massa. Coloque a manteiga em uma tigela com a farinha e o sal. Esfregue a manteiga na farinha. Adicione cerca de 10 colheres de sopa de água à mistura e misture novamente. Corte a massa pela metade e forme cada um em um disco plano. Envolver em filme plástico e refrigerar.

2

Cozinhe as batatas por 10 minutos em bastante água com sal. Esvazie-os e deixe-os esfriar.

3

Fritar a cebola e o alho em uma frigideira, depois adicionar um pouco de queijo taleggio e deixá-lo derreter.

4

Aqueça o forno a 200 graus.

Colocar um pedaço de massa sobre uma superfície levemente enfarinhada. Coloque a massa em uma forma de bolo de 20cm x 5 de profundidade. Furar toda a massa com um garfo e assar por 10 minutos.

5

Fatie as batatas resfriadas em rodelas. Coloque metade das batatas na base, depois cubra com o presunto e o queijo e repita três vezes.

6

Pincele a massa restante em um círculo de aproximadamente 8 polegadas com o ovo batido. Cozer por 45 minutos, retirar do forno e servir.

Salsichas e batatas cozidas

Preparação: 50 minutos

Dificuldade: média

Serve 6

Ingredientes

- 300g de batatas
- 10 colheres de sopa de óleo
- 1 dente de alho
- 15 salsichas
- 10 gr de queijo parmesão para gratinar

Método

1

Aqueça o forno a 200 graus.

Coloque 1 colher de sopa de óleo em uma panela e cozinhe as batatas fatiadas com piri-piri e salsa.

Coloque as cunhas de batata em uma assadeira.

2

Use a mesma panela que você usou para as batatas e coloque nas salsichas, perfurando-as na superfície com um garfo. Cozinhar por 15 minutos.

3

Coloque as salsichas na assadeira e coloque a frigideira no forno. Cozer por 30 minutos. Retire a assadeira, polvilhe com queijo parmesão e deixe gratinar por 10 minutos. Tirar e servir.

Cacciatore de frango

Preparação: 40 minutos

Dificuldade: média

Serve 4

Ingredientes

- 10 colheres de sopa de azeite de oliva
- 1 cebola média
- 2 dentes de alho, finamente cortados
- 3 raminhos de tomilho
- 2 ramos de rosmaninho
- 4 peitos de frango
- 50 ml de vinho branco
- 30gr de molho de tomate
- 200gr de cogumelos prataioli
- salsinha

Método

1

Aqueça o óleo em uma panela com a cebola e os dentes de alho. Adicione o tomilho e o alecrim, baixe o calor e deixe-o perfumar

2

Coloque os peitos de frango na frigideira. Polvilhe um pouco de pimenta por cima e cozinhe até que esteja bem colorida de ambos os lados.

2

Retirar o frango. Coloque a panela de volta no fogo, aumente a chama e despeje nos cogumelos. Depois de um tempo, despeje os cogumelos e salteie por 5 minutos.

3

Coloque o molho de tomate na panela. Deixe reduzir por 10 minutos junto com os cogumelos. Em seguida, despeje os peitos de frango, abaixe o fogo e coloque uma tampa.

Cozinhar por cerca de 15 minutos, depois polvilhar com salsa e servir.

Cordeiro em vinho tinto

Preparação: 2 horas e 50 minutos

Dificuldade: média

Serve 4

Ingredientes

- 8 costeletas de cordeiro
- 1 litro de vinho tinto
- 1 folha de louro
- 2 raminhos de tomilho
- Pimenta a gosto
- Nutmeg
- Azeite de oliva extra-virgem
- 150ml de caldo de legumes
- 3 cenouras
- 1 cebola

Método

1

Primeiro você tem que marinar a carne.

Pelo menos 8 horas antes, coloque o cordeiro em um prato de forno com a folha de louro, tomilho, pimenta e despeje em três quartos da garrafa de vinho. Partida para marinar por 8 horas. Quando você tiver que se preparar, pegue o cordeiro, limpe-o e seque-o.

2

Em uma panela, colocar óleo e cebola até dourar. Em seguida, despeje o cordeiro e salteie por cerca de dez minutos.

Adicione o vinho e tempero e deixe em fogo brando por cerca de 15 minutos.

Acrescente o caldo e cozinhe por mais 15 minutos.

Em seguida, colocar no forno a 160 graus e assar 1 hora e meia.

3

Coloque algumas das cebolas e cenouras em uma panela com um pouco de óleo.

Retirar a carne do forno. Coloque o cordeiro na panela para refogar uma última vez com a cebola e as cenouras, tendo cuidado para não derramar o tempero. Deixar ir por 20 minutos verificando a maciez da carne. Servir com uma salada lateral.

Foguete fatiado e queijo parmesão

Preparação: 20 minutos

Dificuldade: fácil

Atende 2 pessoas

Ingredientes

- 10ml de vinho branco
- 1 dente de alho
- 3 folhas de manjericão
- 1 ramo de alecrim
- 2 colheres de óleo
- 300g de queijo fassona piemonteses
- 25g de foguete
- 50gr de flocos de parmesão
- Pimenta
- tabasco

Método

1

Coloque o manjericão, o alho, o óleo e o alecrim em uma panela com um pouco de óleo para temperar.

Após dois minutos, remover o raminho de alecrim.

2

Esfregue pimenta e tabasco nos bifes, dos dois lados.

Coloque-os na panela com o molho e cozinhe por cerca de 3 minutos. Em seguida, despeje o vinho branco e deixe-o desbotar por mais 3 minutos.

3

Coloque o bife em um prato, corte-o em quadrados e despeje o molho sobre ele. Em seguida, coloque as aparas parmesão em cima, a rúcula e sirva.

Garoto no vinho branco

Preparação: 2 horas e 50 minutos

Dificuldade: média

Serve 4

Ingredientes

- 8 costelas de cabrito
- 1 litro de vinho branco seco
- 1 folha de louro
- 2 raminhos de tomilho
- Pimenta a gosto
- Azeite de oliva extra-virgem
- 150ml de caldo de legumes
- 3 cenouras
- 1 cebola

Método

1

Primeiro você tem que marinar a carne.

Pelo menos 12 horas antes, coloque o cabrito em um prato de forno com a folha de louro, tomilho, pimenta e despeje em três quartos da garrafa de vinho. Partida para marinar por 12 horas. Quando você tiver que se preparar, pegue a criança, limpe-a e seque-a.

2

Em uma panela, colocar óleo e cebola até dourar. Em seguida, despeje o garoto e salteie por cerca de dez minutos.

Adicione o vinho e tempero e deixe em fogo brando por cerca de 15 minutos.

Acrescente o caldo e cozinhe por mais 20 minutos.

Em seguida, colocar no forno a 160 graus e assar 1 hora e meia.

3

Coloque algumas das cebolas e cenouras em uma panela com um pouco de óleo.

Retirar a carne do forno. Coloque a criança na panela para refogar uma última vez com a cebola e as cenouras, tendo cuidado para não derramar o tempero. Soltar durante 25 minutos para verificar a maciez da carne.

Escalopes da Turquia

Preparação: 10 min

Dificuldade: fácil

Serve 4

Ingredientes

- 50gr de manteiga
- 10gr de sálvia
- Um ramo de alecrim
- 4 fatias de presunto cozido
- 4 bifes de peru
- Um copo de vinho branco

Método

1

Aqueça a manteiga em uma panela junto com a salva e o alecrim e deixe-a derreter. Após dez minutos, remover o raminho de alecrim.

2

Coloque os bifes de peru previamente amassados em manteiga e cobertos com uma fatia de presunto cada um na panela. Após dois minutos despeje o copo de vinho e deixe-o desvanecer

3

Cozinhar até as fatias de presunto ficarem
crocantes. Servir com o molho de creme em cima e
um acompanhamento fresco.

Dourada assada

Preparação: 10 min

Dificuldade: média

Serve 4

Ingredientes

- 400g de batatas
- 2 cenouras
- 5 colheres de sopa de azeite de oliva extra virgem
- 1 ramo de alecrim
- 4 filetes de dourada
- 20gr de azeitonas pretas
- 1 limão

Método

1

Limpar e escamar o peixe. Retirar a pele.

Encha com as batatas, cenouras, algumas folhas de alecrim e as azeitonas pretas.

2

Em um tabuleiro untado com manteiga, arrume algumas cenouras fatiadas, algumas batatas cortadas em rodelas e polvilhe com óleo. Colocar os filetes de dourada em cima.

3

Polvilhar com óleo e pimenta. Ligue o forno a 180 graus e asse por 20 minutos, virando a meio do cozimento.

4

Retire a panela do forno, polvilhe o limão sobre o peixe e deixe-o assar por mais 10 minutos.

Retire e sirva com as azeitonas e batatas, ajustando o sal.

Frango guisado ou

Preparação: 2 horas

Dificuldade: média

Atende 5 pessoas

Ingredientes

- 10 patas de frango
- 100g de bacon
- 1 cebola grande, picada
- 2 paus de aipo, picados
- 100ml de vinho branco
- 1l de caldo de galinha
- 2 folhas de louro
- 100gr de ervilhas
- 200gr de polpa de tomate

Método

1

Despeje o óleo em uma frigideira. Dourar o frango até dourar em todos os lados, depois remover o frango e colocá-lo em uma folha de papel de cozinha.

2

Adicionar o bacon à panela e fritá-lo durante 2 minutos, depois adicionar a cebola, o aipo e o alho-poró. Cozinhar em fogo médio por 5 minutos. Acrescentar a salsa e cozinhar por mais 2 minutos.

3

Devolva o frango à panela com as folhas de louro e as ervilhas. Deglaze com vinho branco, depois cubra com uma tampa e cozinhe por uma hora e meia em fogo brando. Servir com o molho em cima.

Pizza com mozzarella de búfalo e salame picante

Preparação: 45 minutos

Dificuldade: média

Atende 2 pessoas

Ingredientes

- 250g de farinha 00
- 1 colher de chá de levedura instantânea
- 5 colheres de óleo
- 10 colheres de sopa de molho de tomate
- 10 búfalos mozzarella morsels
- 10 fatias de salame picante

Método

1

Despeje a farinha em uma tigela, mexa o fermento e 1 colher de chá de sal. Faça um furo no centro e despeje em 100 ml de água morna e duas colheres de sopa de óleo. Mexer várias vezes até que a massa esteja macia e molhada.

2

Despeje a massa sobre uma superfície levemente enfarinhada e amasse por 5 minutos até ficar lisa.

Cubra e deixe descansar para que ele duplique de tamanho....

2

Quando a massa tiver subido, remixá-la na tigela com um pouco de farinha e depois colocá-la sobre uma superfície enfarinhada e cortá-la ao meio.

Despeje uma colher de sopa de óleo e estenda as duas massas até uma forma redonda de cerca de 25-30cm.

4

Coloque a frigideira no forno a 220 graus.

Espalhe o molho de tomate sobre a mistura, depois adicione a mozzarella de búfala (ou se quiser no final do cozimento)

Cozer a frigideira e assar por 10 minutos.

Na saída, colocar as fatias de salame.

SOUP BOLOGNESE

Preparação: 50 minutos
Dificuldade: fácil

Serve 4
Ingredientes

- 5 colheres de sopa de azeite de oliva extra virgem
- 2 cebolas picadas
- 2 cenouras fatiadas
- 2 aipo
- 1 dente de alho, finamente cortado
- 250gr de molho de tomate
- 250gr de carne picada
- 1 colher de sopa de caldo de legumes em pó
- 1 colher de chá de curcuma
- 2 raminhos de tomilho fresco
- 1 folha de sálvia
- 50gr de queijo parmesão

Método

1

Aqueça o óleo em uma panela e salteie as cebolas por alguns minutos. Acrescentar as cenouras, o aipo e o alho, e depois saltear por 5 minutos.

2

Adicione a carne e deixe-a absorver o tempero. Quando a carne estiver cozida, acrescente o caldo de tomate e legumes junto com 1 litro de água. Adicione o tomilho, o curcuma e a pimenta. Cobrir com uma tampa e cozinhar por 30 minutos.

3

Quando o molho ferver, retire a tampa e desligue o fogo. Coloque muito queijo parmesão ralado por cima e sirva com croutons de pão torrado.

Bife de filé com pimentas

Preparação: 20 minutos

Dificuldade: fácil

Serve 4

Ingredientes

- 4 pedaços de filé de Angus argentino ou irlandês
- 30gr de manteiga
- pimenta
- 1 cebola
- 4 pimentões cortados em tiras
- Orégano a gosto

Método

1

Em uma panela colocar o óleo e refogar a cebola.

2

Corte os pimentões em tiras, retirando as sementes. Coloque-os no comprimento da frigideira e cozinhe em fogo médio por 10 minutos.

3

Em outra panela, derreta a manteiga. Coloque sal e pimenta em ambos os lados das fatias de filete, depois coloque-as na panela e cozinhe por alguns minutos.

Pizza com atum e cebola

Preparação: 45 minutos

Dificuldade: média

Atende 2 pessoas

Ingredientes

- 250g de farinha 00
- 1 colher de chá de levedura instantânea
- 5 colheres de óleo
- 10 colheres de sopa de molho de tomate
- 50gr de mozzarella de vaca
- 2 cebolas
- 2 latas de atum

Método

1

Despeje a farinha em uma tigela, mexa o fermento e 1 colher de chá de sal. Faça um furo no centro e despeje em 100 ml de água morna e duas colheres de sopa de óleo. Mexer várias vezes até que a massa esteja macia e molhada.

2

Despeje a massa sobre uma superfície levemente enfarinhada e amasse por 5 minutos até ficar lisa.

Cubra e deixe descansar para que ele duplique de tamanho....

2

Quando a massa tiver subido, remixá-la na tigela com um pouco de farinha e depois colocá-la sobre uma superfície enfarinhada e cortá-la ao meio.

Despeje uma colher de sopa de óleo e estenda as duas massas até uma forma redonda de cerca de 25-30cm.

4

Coloque a frigideira no forno a 220 graus.

Espalhe o molho de tomate sobre a mistura e, em seguida, adicione a mozzarella. Corte as cebolas em fatias e coloque-as em cima.

Cozer a frigideira e assar por 10 minutos.

Na saída, coloque a lata de atum.

Torta saloia com requeijão e cogumelos

Preparação: 1 hora e 30 minutos

Dificuldade: média

Serve 6-8 pessoas

Ingredientes

Para as massas

- 200g de manteiga clarificada
- 400g de farinha 00
- sal

Para o enchimento

- 700g de batatas
- 1 cebola, finamente picada
- Seis colheres de sopa de óleo
- 3 dentes de alho
- 200g de ricotta
- 300g de cogumelos
- 1 ovo batido

Método

1

Preparar a massa. Coloque a manteiga em uma tigela com a farinha e o sal. Esfregue a manteiga na farinha. Adicione cerca de 10 colheres de sopa de água à mistura e misture novamente. Corte a massa pela metade e forme cada um em um disco plano. Envolver em filme plástico e refrigerar.

2

Cozinhe as batatas por 10 minutos em bastante água com sal. Esvazie-os e deixe-os esfriar.

3

Fritar a cebola e o alho em uma frigideira, depois adicionar um pouco de queijo taleggio e deixá-lo derreter.

4

Aqueça o forno a 200 graus.

Colocar um pedaço de massa sobre uma superfície levemente enfarinhada. Coloque a massa em uma forma de bolo de 20cm x 5 de profundidade. Furar toda a massa com um garfo e assar por 10 minutos.

5

Fatie as batatas resfriadas em rodelas. Coloque metade das batatas na base, depois cubra com a ricota e os cogumelos e repita três vezes.

6

Pincele a massa restante em um círculo de aproximadamente 8 polegadas com o ovo batido. Cozer por 45 minutos, retirar do forno e servir.

Salsicha e guisado de tomilho

Preparação: 40 minutos

Dificuldade: fácil

Serve 6

Ingredientes

- 12 salsichas
- 9 colheres de sopa de azeite de oliva
- 2 cenouras
- 1 aipo
- 1 cebola
- 2 ramos de alecrim picado
- 300gr de polpa de tomate
- 700ml de caldo de carne
- 700gr de batatas

Método

1

Coloque as salsichas em uma frigideira cheia de óleo. Acrescente as cenouras, o aipo e a cebola e cozinhe por 10 minutos, acrescentando o alecrim picado. Adicione as lentilhas, os tomates e o estoque. Deixar ferver, cobrir e ferver em fogo brando por 25 minutos. Retirar a tampa e cozinhar por mais 10 minutos.

2

Enquanto isso, ferver as batatas até que fiquem tenras. Em outra panela, aqueça o leite, o alho e o alecrim restantes até ferver, depois desligue o fogo. Drenar bem as batatas.

3

Polvilhe o leite quente sobre as batatas e o purê com o óleo restante, depois tempere.

Porchetta

Preparação: 2 horas e 30 minutos

Dificuldade: média

Serve 6-8 pessoas

Ingredientes

- 2 kg de carne de porco sobre o osso
- 2 ramos de rosmaninho
- 1 malagueta quebrada
- 10 colheres de sopa de óleo
- 1 cebola
- 1 funcho
- 200gr de presunto cozido
- 100gr de farinha de rosca
- 20g de pinhões
- 5 folhas de sálvia
- 1 colher de sopa de suco de limão
- noz-moscada recém-ralada
- 1 ovo

Método

1

Furos de perfuração na pele de porco. Pontuação até um pouco antes do ponto em que a pele encontra a gordura. Ferver uma panela e submergir a carne, ferver durante 10 minutos e deixar esfriar.

2

Cortar a salva e moer as especiarias com uma argamassa. Acrescentar pimenta, alho e suco de limão.

3

Vire a carne do avesso e perfure a parte de baixo. Polvilhe a mistura de especiarias sobre ela e deixe-a marinar na geladeira por cerca de dez horas.

4

Após dez horas, aqueça a cebola, o funcho e o rosmaninho em uma panela. Acrescentar o alho e cozinhar por dois minutos, depois as especiarias. Deixe por quinze minutos. Depois pegue e deixe esfriar.

5

Em uma tigela, misture a casca de laranja, pinhões, suco de limão e noz-moscada. Acrescente o ovo e misture tudo.

6

Deite a barriga de porco. No centro da barriga espalhe o recheio e amarre com um cordel. Então deixe esfriar.

7

Cozer no forno a 180 graus por cerca de 4 horas girando-o a cada hora.

Guisado de camarão

Preparação: 40 minutos

Dificuldade: fácil

Serve 4

Ingredientes

- 400g de batatas
- 1 aipo, cortado em pedaços
- 2 dentes de alho
- 2 filetes de anchovas, picados
- 100gr de polpa de tomate
- 150ml de vinho branco
- 200ml de caldo de legumes
- 500g de camarões
- Suco de limão
- 1 colher de chá de alcaparras
- 10gr de salsa

Método

1

Coloque as batatas em um pote de água fervente.
Cozinhar por vinte minutos.

2

Em outra panela colocar o aipo e as cebolas e saltear. Depois o alho e deixá-lo cozinhar por 10 minutos.

Tirar o alho e colocar os pedaços de anchova. Derreta-os na panela.

3

Despeje os camarões e, após um minuto, adicione o vinho branco. Acrescente o tomate e depois as batatas. Servir com pão torrado.

Ensopado de carne bovina

Preparação:20 min

Dificuldade: fácil

Atende 2 pessoas

Ingredientes

- 1 cebola
- 5 colheres de sopa de azeite de oliva
- 2 peças de carne bovina
- 1 pimenta
- 200gr de polpa de tomate
- ramo de alecrim, picado
- azeitonas verdes

Método

1

Em uma panela grande, cozinhe cebola e alho em azeite de oliva por 5 minutos até amolecer e dourar. Acrescente as tiras de carne, pimenta, tomate e alecrim e deixe ferver. Ferva em fogo brando por 15 minutos até que a carne seja cozida, acrescentando água fervente se necessário.

2

Deixe a carne descansar.

Tempere as azeitonas e alcaparras com sal, óleo, orégano e pimenta.

Espalhe o molho sobre a carne e sirva.

Guisado de grão-de-bico

Preparação: 30 min
Dificuldade: fácil

Serve 6

Ingredientes

- 500g de batatas
- 250 gr de couve-lombarda
- 1 cebola vermelha
- 2 dentes de alho
- chilli
- 100 ml de vinho branco
- 10 tomates
- 2 embalagens de grão de bico
- 2 colheres de sopa de suco de limão
- 6 colheres de sopa de salsa fresca picada
- 4 colheres de sopa de azeite de oliva extra virgem

Método

1

Cozinhar as batatas em água com sal fervente por 15-20 minutos até ficarem douradas. Enquanto isso, despeje o espinafre em uma panela. Despeje a água fervente da chaleira sobre ele para murchá-lo, depois segure-o sob a torneira fria até que ele tenha

esfriado para manter sua cor. Deixe-os escorrer.
Cortar as batatas em pedaços.

2

Aqueça o azeite de oliva em uma frigideira e
cozinhe a cebola e o alho em fogo brando por 4
minutos até ficar dourado. Adicione as malaguetas e
o vinho, derrame a metade do tomate e cozinhe em
fogo moderado até que quase todo o vinho tenha
evaporado. Adicione o grão-de-bico, as batatas e os
espinafres. Cozinhar por 10 minutos

3

Adicione o suco de limão, a salsa e os tomates
restantes. Tempere com sal e pimenta a gosto.

Cacciatore de frango

Preparação: 40 minutos
Dificuldade: média

Serve 4
Ingredientes
-10   colheres de sopa de azeite de oliva
        -1 cebola média
        -2 dentes de alho, finamente cortados
        -3 raminhos de tomilho
        -2 ramos de rosmaninho
-4   peitos de frango
-50   ml de vinho branco
-30gr de   molho de tomate
-200gr de   cogumelos prataioli
- •   salsinha

Método
1
Aqueça o óleo em uma panela com a cebola e os
dentes de alho. Adicione o tomilho e o alecrim,
baixe o calor e deixe-o perfumar
2
Coloque os peitos de frango na frigideira. Polvilhe
um pouco de pimenta por cima e cozinhe até que
esteja bem colorida de ambos os lados.
2

Retirar o frango. Coloque a panela de volta no fogo, aumente a chama e despeje nos cogumelos. Depois de um tempo, despeje os cogumelos e salteie por 5 minutos.

3

Coloque o molho de tomate na panela. Deixe reduzir por 10 minutos junto com os cogumelos. Em seguida, despeje os peitos de frango, abaixe o fogo e coloque uma tampa.

Cozinhar por cerca de 15 minutos, depois polvilhar com salsa e servir.

Croquetes de atum

Preparação: 30 minutos
Dificuldade: fácil

Ingredientes

- 100 gramas de atum
- 5 xícaras de água salgada
- 300 gramas de arroz branco
- 50 gramas de queijo parmesão
- 30 gramas de pão ralado seco
- 4 ovos
- 4 colheres de salsa
- Sal q.b.
- 1 xícara de pão ralado seco para o revestimento
- Azeite de oliva qb

Método

1

Coloque o atum fresco em uma panela com um gole de óleo e cozinhe em fogo baixo por meia hora.

2

Ferva a água e despeje o arroz, depois reduza o
calor e deixe o arroz em fogo brando por meia hora.

3

Coloque o arroz pronto em uma assadeira para
esfriar por 10 minutos. Em seguida, coloque o arroz
em uma grande terrina de sopa.

4

Misture o atum, parmesão ralado, ovos, salsa, sal e
pimenta-do-reino moída. Refrigerar por duas horas.

5

Retirar o arroz da geladeira e moldá-lo em bolas de
arroz com cerca de 2 polegadas de diâmetro, depois
mergulhá-las em pão ralado.

6

Coloque os croquetes em uma frigideira em fogo
alto com cinco colheres de sopa de óleo e deixe-os
cozinhar por cerca de 10 minutos. Em seguida,
coloque uma folha de papel de cozinha em um prato
e deixe o óleo absorver.

Robalos e mexilhões

Preparação: 15 minutos

Serve 4

Ingredientes

- 2 colheres de sopa de azeite de oliva
- 2 dentes de alho
- ½ pimenta malagueta vermelha picada
- 500g de mexilhões
- ramo de manjericão
- Lata de 400g de tomate picado
- 150ml de vinho branco
- 500gr de mexilhões
- 12 camarões
- 8 filetes de robalo
- pão estaladiço, para servir

Método

1

Aqueça o óleo em uma grande frigideira.
Acrescente o alho e a pimenta. Sauté até amolecer,
depois acrescente Os tomates e o vinho. Ferva em
fogo brando por 40 minutos até que o molho tenha
engrossado.

2

Distribua os mexilhões e camarões no molho,
coloque os filetes de robalo em cima e cozinhe-os

em uma panela por 10 minutos adicionando óleo e limão.

3

Torrar duas fatias de pão com alho espalhadas por cima e servir.

Almôndegas de carne suína

Preparação: 40 minutos
Dificuldade: fácil
Porções: 6
Ingredientes

- 1kg de carne de porco
- 50gr de farinha de rosca
- 30gr de queijo parmesão
- 1 colher de sopa de tomilho
- 1 colher de sopa de orégano
- 30gr de molho de tomate
- Sal e pimenta a gosto

Método
1

Aqueça o forno a 200 graus.

2

Em uma tigela, misture os ingredientes (exceto o tomate) e tente formar bolas.
Coloque-os em uma assadeira. Cozer cerca de 20 minutos ou verificar o interior da massa para ver como estão cozidos.

3

Em uma frigideira, marrom um dente de alho,
retire-o e despeje no tomate. Deixe-o reduzir e
depois tempere-o com um pouco de orégano.

4
Tire as almôndegas do forno e as prepare com o
molho de tomate

Carne de porco assada

Preparação: 2 horas

Dificuldade: média

Serve 8

Ingredientes

- 2 dentes de alho
- Pimenta a gosto
- 1 ½ colheres de sopa de sementes de funcho
- 2 ½ colheres de sopa de azeite de oliva
- Lombo de porco de 1,8 kg enrolado em tripa
- 1 cebola
- 1 limão
- 50ml de caldo de carne

Método

1

Coloque a carne de porco, com a pele para cima, em uma tigela e despeje uma chaleira cheia de água fervente sobre ela. Escorra, seque e coloque a pele do lado para baixo, sobre uma tábua de corte. Enrole o lombo e amarre em intervalos com o fio da cozinha. Coloque as ervas e a cebola no centro de uma assadeira e coloque a carne de porco por cima. Salgar a pele externa.

2

Aqueça o forno a 200 graus.

Cobrir a pele do porco com sal e óleo e polvilhar as sementes de funcho em cima. Assar a carne por 40 minutos, verificando o cozimento a cada 10 minutos. Em seguida, girar o forno a 160 graus e continuar a cozinhar por 1 hora. Esfregue a pele do porco com o óleo restante.

3

Aqueça o caldo de legumes e despeje-o sobre a carne de porco uma vez terminado o cozimento.

Frango com alecrim

Preparo: 5 minutos **Cozimento:** 30 minutos
Serve 4

Ingredientes

- 4 patas de frango
- 1 ramo de alecrim
- 1 cebola
- 2 filetes de anchovas, picados
- 500gr de tomate
- 2 colheres de sopa de alcaparras

Método

1

Marrom o frango em um prato de caçarola.
Adicionar metade do alecrim picado, cozinhar por
20 minutos e retirar, depois colocar de lado em um
prato.

2

Na mesma panela, cozinhe a cebola por 5 minutos
até ficar dourada.

Adicione as anchovas e derreta-as com a ajuda de
uma colher de pau. Acrescente o alho e o alecrim,
depois frite por mais alguns minutos. Despeje os
tomates e alcaparras com um pouco de água fria.

Levar à ebulição, depois devolver os pedaços de frango à panela. Cobrir e cozinhar por 20 minutos até que o frango seja cozido. Tempere e sirva com uma salada verde crocante e pão crocante.

Tagliatelle com manteiga e sálvia

Preparação: 10 minutos

Dificuldade: fácil

Ingredientes

- 200g de manteiga
- 30 folhas de sálvia
- 100ml de caldo de legumes
- 400g de macarrão de ovo

Método

1

Derreta a manteiga em uma frigideira com o alho. Coloque as folhas de salva e deixe ferver para dar um bom sabor à manteiga. Após cerca de 10 minutos, retire a salva e adicione o limão.

2

Levar um pote cheio de água para ferver e acrescentar sal. Coloque a massa com ovo e cozinhe-a por alguns minutos: a massa com ovo tende a se escamar logo, portanto, o cozimento deve ser rápido.

Coloque o macarrão na panela com a manteiga e salteie por um minuto.

3

Colocar no prato, polvilhar com pimenta e queijo parmesão ralado.

Sopa de lentilha

Preparação: 20 minutos
Dificuldade: fácil

Porções:6
Ingredientes

- 3 cenouras
- 1 cebola
- 50gr de cogumelos porcini
- 1 dente de alho
- 30gr de bacon
- 2 latas de lentilhas
- 50ml de caldo de legumes
- Sal e pimenta a gosto

Método

1

Despeje cinco colheres de sopa de óleo em uma
frigideira. Salteie a cenoura e a cebola por 5
minutos, depois acrescente os cogumelos e cozinhe
por mais 15 minutos.

2

Coloque um pouco de manteiga em uma segunda frigideira e doure-a. Colocar o bacon para fritar em fogo brando por 10 minutos.

3

Despeje na água, lentilhas e caldo de legumes. Ferva, cubra a panela com uma tampa e deixe ferver durante 20 minutos. Servir com pimenta e salsa.

Hambúrguer de porco

Preparação: 15 minutos

Dificuldade: fácil

Porções: 4 pessoas

Isso faz quatro.

Ingredientes

- 400gr de carne de porco picada
- 10gr de tomilho
- 5gr de chilli
- Orégano
- tabasco
- 8 azeitonas pretas
- Pimenta
- 40gr de espinafre

Método

1

Em uma frigideira, dourar o alho no óleo até ficar dourado.

Coloque a pimenta, espinafre e deixe em fogo brando por 5 minutos.

2

Coloque sal, pimenta e Tabasco em ambos os lados do hambúrguer.

Coloque-os na frigideira e aumente o calor.

3

Quando estiverem quase cozidos, colocar no orégano e tomilho.

Servir em um prato de servir com as azeitonas e os espinafres.

Minestrone de legumes

Preparação: 45 min

Dificuldade: fácil

Serve 6

Ingredientes

- 1 cebola
- 3 cenouras
- 2 talos de aipo
- Azeite de oliva
- 2 folhas de louro
- 1 abobrinha
- 30gr de acelga
- 300gr de espelta
- 1 litro de caldo de legumes
- 100g de queijo grana padano

Método

1

Fritar a cebola, a cenoura e o aipo em óleo em uma panela.

Corte as cenouras e abobrinhas em pedaços, adicione-os e cozinhe em fogo médio por 10 minutos até que percam um pouco do excesso de água.

2

Despeje o feijão, o estoque e os legumes restantes e depois deixe em fogo brando por 40 minutos.

Quando faltarem 5 minutos, acrescente o queijo parmesão.

Servir muito quente e colocar uma garoa adicional de óleo no prato.

Giardiniera Vegetal

Preparação: 45 minutos **(1 dia de marinagem)**
Dificuldade: média

Porções: 8
Ingredientes

- 2 pimentas verdes
- 2 pimentões vermelhos
- 2 pimentões amarelos
- 1 aipo
- 2 cenouras
- 2 cebolinhas
- 20gr de friarielli
- 1 colher de sopa de orégano
- Pimenta a gosto
- 30gr de azeitonas pretas
- 30gr de azeitonas verdes
- 1 copo de vinagre branco
- 1 copo de azeite de oliva

Método
1

Picar os pimentões, cebolinhas, cenouras, aipo, friarielli e azeitonas em pedaços grandes.
Coloque todos os legumes em uma tigela.

Coloque sal uniformemente sobre todos os legumes
e encha com água.
Cubra a tigela com papel alumínio e deixe marinar
durante a noite.

2

No dia seguinte, drenar a água salgada e enxaguar
os legumes. Em um prato separado, misture alho,
orégano, pimenta e algumas azeitonas. Em seguida,
colocar óleo e vinagre, misturando bem.
Colocar de volta na geladeira e marinar por meio
dia.

Costeletas de porco

Preparação: 40 minutos

Dificuldade: fácil

Porções: 6
Ingredientes

- 1 dente de alho, picado
- Pimenta a gosto
- Uma colher de sopa de tabasco
- 1 colher de sopa de molho Worcestershire
- 1 colher de sopa de mostarda
- 6 costeletas de porco

Método

1

Misture o molho Worcestershire, mostarda, 1 colher de chá de sal e 1 colher de chá de pimenta em uma frigideira.
Ferva em fogo brando por 10 minutos

2

Preparar uma grelha e oleá-la.

3

Temperar ambos os lados das costelas com óleo,
sal, pimenta e Tabasco. Em seguida, escová-los com
o molho da panela.

4

Coloque as costeletas na grelha e cozinhe até a
doação desejada. Servir com pão torrado e tomate.

Salsichas e beringelas

Preparação: 30 minutos
Dificuldade: fácil

Porções: 4
Ingredientes

- 4 salsichas
- 4 berinjelas
- 1 cebola
- 1 dente de alho
- Chilli
- Tabasco
- Óleo qb
- Pimenta a gosto

Método

1

Retirar as tripas da salsicha.
Aqueça três colheres de sopa de azeite de oliva em uma frigideira e salteie as salsichas nela até escurecerem completamente.
Adicionar tabasco.

2

Em uma panela, dourar o alho em um pouco de óleo
e a malagueta: quando o alho estiver dourado,
retirar da panela.
Corte as beringelas em pedaços e frite-as em óleo
por 10 minutos.
Depois acrescente a salsicha, refogue tudo junto por
5 minutos e polvilhe com pimenta.

Patés de salsicha

Preparação: 40 minutos
Dificuldade: fácil
Porções: 6
Ingredientes

- 1kg de salsicha
- 30gr de queijo parmesão
- 1 colher de sopa de sementes de funcho
- 1 colher de sopa de orégano
- 30gr de molho de tomate
- Sal e pimenta a gosto

Método
1

Aqueça o forno a 200 graus.

2

Em uma tigela, misture os ingredientes (exceto o tomate) e tente formar bolas.

Coloque-os em uma assadeira. Cozer cerca de 20 minutos ou verificar o interior da massa para ver como estão cozidos.

3

Em uma frigideira, marrom um dente de alho, retire-o e despeje no tomate. Deixe-o reduzir e depois tempere-o com um pouco de orégano.

4

Retire as almôndegas do forno. Em outra frigideira, frite-os por 5 minutos. Em seguida, coloque-os na frigideira com o molho e deixe-os ir por mais 5 minutos.

Berinjelas recheadas

Tempo de cozimento: 40 minutos

Dificuldade: fácil

Serve 4

Ingredientes

- 8 beringelas cortadas em dois
- 8 colheres de sopa de azeite de oliva extra virgem
- 100g de farinha de rosca
- 50g de nozes
- 10 chalotas
- 1 dente de alho
- 8 tomates secos
- 8 sottilette
- 3 folhas de louro
- 50 gramas de queijo parmesão

Método

1

Aqueça o forno a 200 graus.

Corte a berinjela e disponha-a em uma única camada em uma assadeira rasa, cortada de lado para cima. Escovar com 1 colher de sopa de óleo e assar por 20 minutos.

2

Para o recheio, pique as nozes, chalotas e tomates secos ao sol em pedaços pequenos e misture todos os ingredientes em uma saladeira. Adicione água se a mistura for muito espessa.

3

Despeje o recheio sobre a abobrinha e regue com o restante do azeite de oliva. Cozer por mais 15 minutos, até que haja uma crosta na superfície.

Sanduíche de carne bovina

Preparação: 10 minutos

Dificuldade: fácil

Serve 1 pessoa

Ingredientes

- 2 fatias de carne bovina em azeite de oliva ou carne trentina salgada
- 1 sanduíche de leite
- 50 gramas de fontina ou queijo taleggio
- tabasco
- Um tufo de salada
- maionese

Método

1

Aqueça a grelha.

Coloque a carne em uma assadeira com a abertura voltada para baixo e grelhe por 5 minutos, até que ela tenha uma crosta carbonizada.

Colocar o pão fatiado em uma frigideira e soltar por alguns minutos, até tostar. Espalhe com alho, óleo, sal e tabasco.

2

Espalhe o pão com a maionese. Coloque duas fatias de queijo fontina em cada fatia de pão. Acrescente a carne enquanto ainda está quente.

Robalo assado

Preparação: 30 minutos

Dificuldade: fácil

Serve 6

Ingredientes

- 200 gr de batatas
- 6 filetes de robalo
- 20 gr de alcaparras
- 30gr de azeitonas pretas
- Um biscoito de marisco
- Um copo de vinho branco

Método

1

Aqueça o forno a 200 graus.

Coloque as batatas em uma panela com água quente, ferva por 10 minutos e tire-as para fora.

2

Manteiga um grande prato de cozimento.

Colocar os filetes de peixe previamente filetados horizontalmente.

3

Descasque as batatas, disponha-as ao redor dos filetes de peixe e tempere com sal.

Despeje as azeitonas e alcaparras, o vinho branco e o biscoito de marisco.

4

Cobrir com folha de alumínio e colocar no forno.

Cozer por 20 minutos e servir com um pouco de orégano.

Espelta, cogumelos e favas

Preparação: 40 minutos

Dificuldade: fácil

Porções: 4

Ingredientes

- 400gr de espelta
- 20ml de caldo de legumes
- 2 xícaras de água
- 30gr de cogumelos porcini
- 15gr de favas
- Pimenta a gosto
- 10gr de queijo parmesão ralado

Método

1

Em uma panela grande, ferver o farro em água com sal. Baixar o calor, cobrir com uma tampa e deixar que metade da água evapore por 20 minutos.

2

Retire a tampa, coloque o estoque e deixe cozinhar por mais 10 minutos.

3

Em uma frigideira, salteie os cogumelos e as favas em bastante óleo quente. Acrescente a soletração e cozinhe por mais 10 minutos. Polvilhar com queijo parmesão.

Cozido tradicional

Preparação: 20 min

Dificuldade: fácil

Atende 2 pessoas

Ingredientes

- 1 cebola
- 5 colheres de sopa de azeite de oliva
- 4 peças de carne bovina
- 1 cenoura
- 200gr de polpa de tomate
- ramo de alecrim, picado
- 2 batatas

Método

1

Em uma panela grande, cozinhe cebola e alho em azeite de oliva por 5 minutos até amolecer e dourar. Acrescente as tiras de carne, pimenta, tomate e alecrim e deixe ferver. Ferva em fogo brando por 15 minutos até que a carne seja cozida, acrescentando água fervente se necessário.

2

Deixe a carne descansar.

Em uma panela, marrom as cenouras em bastante manteiga e alecrim.

Despeje a manteiga sobre a carne.

Espalhe o molho sobre a carne e sirva.

Calzone napolitano

Preparação: 40 minutos

Dificuldade: fácil

Atende 3 pessoas

Nutrição: por porção

Ingredientes

- 300g de farinha 00
- 10gr de levedura
- Sal q.b.
- 50gr de presunto cozido
- 100 gr de mozzarella
- 50gr de salame picante
- 10gr de manjericão
- 30gr de polpa de tomate

Método

1

Misture a farinha, levedura, óleo e 500ml de água morna em uma tigela até obter uma massa emborrachada.

Criar uma bola, depois colocar de volta no recipiente com umidade para aquecer.

2

Aqueça o tomate em óleo em abundância por pelo menos 30 minutos, até que ele tenha sido reduzido.

Adicione o sal e 5 minutos antes de desligar o calor, adicione o manjericão.

3

Aqueça o forno a 200 graus.

Cortar a massa em três pedaços e estendê-la sobre uma superfície enfarinhada. Coloque metade do recheio na lateral e metade no meio e pincele com um pouco de ovo, se necessário. Dobrar sobre a cobertura do enchimento e fazer furos na borda.

Olear uma assadeira, colocar as calzones em cima e assar por cerca de 20 minutos.

SWEETS

Tiramisu

Preparação: 35 minutos

Dificuldade: fácil

Atende 2 pessoas

Ingredientes

- 2 gemas de ovo
- 100g de açúcar
- 200gr de queijo mascarpone
- 50ml de creme
- 100ml de café
- 20 dançarinas
- Cacau em pó amargo

Método

1

Misture as gemas e o açúcar em uma tigela com um liquidificador de imersão.

Em outro, bata o mascarpone com o creme por cerca de 20 minutos. Deixe os dois compostos esfriarem na geladeira.

2

Combine os ovos e o creme. Coloque de volta na geladeira para esfriar.

3

Despeje o café em uma tigela. Mergulhe metade das dançarinas no café e deixe-as por um tempo para que elas adquiram sabor. Em seguida, coloque-os em um prato onde você polvilhou um pouco de açúcar.

Na parte superior, espalhar a mistura de mascarpone e ovo. Coloque a outra metade das drágeas no café e depois coloque-as em cima do creme. Faça outra camada seguindo o mesmo padrão e cubra a última camada de creme com cacau em pó.

Torta de cereja preta

Preparação: 2 horas e meia

Dificuldade: média

Porções: 4

Ingredientes

100g de manteiga

50gr de açúcar

200g de farinha 00

2 ovos

1 limão

100gr de amêndoas

200gr de cerejas ácidas

Método

1

Faça a massa misturando a farinha, a manteiga, o açúcar, o sal e dois ovos. Deixe-o descansar por cerca de uma hora, para que permaneça macio e manejável.

2

Derreta a manteiga em uma frigideira.

Bater juntos os ovos restantes, açúcar e um pouco de casca de limão. Você tem que fazer um creme. Despeje sobre a manteiga derretida e continue a bater. No final, despeje as amêndoas.

3

Coloque a massa em uma forma de torta e corte as bordas com uma forma perfeita. Coloque as cerejas ácidas e parte de seu suco em cima.

4

Aqueça o forno a 200 graus.

Coloque a torta no forno e asse por cerca de uma hora e meia até que a superfície fique dourada.

Chocolate panna cotta

Preparação: 20 minutos

Dificuldade: fácil

Porções: 4

Ingredientes

- 100ml de leite
- 20ml isinglass
- 200ml de creme
- 50g de açúcar mascavo
- Chocolate escuro derretido
- Chocolate em pedaços

Método

1

Comece misturando o leite, o creme e o açúcar, tomando o cuidado de não formar grumos. Se você tiver açúcar branco ou açúcar refinado, tudo bem, você pode adicioná-lo.

2

Despeje o isinglass em um recipiente.

Leve o leite misturado à ebulição e depois retire-o do calor. Deixe esfriar um pouco e depois despeje o isinglass. Coloque em copos na geladeira para esfriar por uma hora.

3

Quando estiverem bem resfriados, pegue os copos e inverta-os em um prato. Despeje sobre o chocolate derretido e lascas para dar-lhe um pouco de crocante.

Panna cotta com bagas

Preparação: 25 minutos
Dificuldade: fácil

Porções: 2

Ingredientes

- 50ml de leite
- 20ml isinglass
- 100ml de creme
- 20g de açúcar mascavo
- Framboesas (framboesas, amoras, amoras-framboesas, mirtilos)
- Doce de bagas silvestres

Método

1

Comece misturando o leite, o creme e o açúcar, tomando o cuidado de não formar grumos. Se você tiver açúcar branco ou açúcar refinado, tudo bem, você pode adicioná-lo.

2

Despeje o isinglass em um recipiente.

Leve o leite misturado à ebulição e depois retire-o do calor. Deixe esfriar um pouco e depois despeje no isinglass. Despeje a mistura em pequenos potes e depois coloque-os na geladeira para esfriar por uma hora.

3

Quando estiverem bem resfriados, pegue os copos e inverta-os em um prato. Despeje sobre as bagas e possivelmente um pouco de "geléia para servir".

Beijos de senhora

Preparação: 40 minutos

Dificuldade: fácil

Porções: 4 pessoas

Ingredientes

- 200gr de amêndoas descascadas
- 100g de manteiga
- 50gr de açúcar
- 100g de farinha 00
- 200gr de chocolate preto em flocos

Método

1

Colocar as amêndoas em um liquidificador ou argamassa e martelá-las por um longo tempo até que fiquem reduzidas a migalhas.

Neste ponto, acrescente o açúcar, a manteiga e vá em frente para bater a mistura adicionando um pouco de água. No final, deve ser cremoso.

2

Coloque o creme em uma tigela. Polvilhar farinha por cima com uma peneira, misturar bem e refrigerar para esfriar.

3

Olear uma chapa de cozimento.

Dividir a massa em bolas do tamanho de nozes e colocá-las sobre a assadeira. Cozinhe-os por 20 minutos.

4

Coloque as lascas de chocolate em uma panela e cozinhe em fogo baixo por cerca de 15 minutos, tendo cuidado para não deixar condensar (sempre mexendo com uma colher de pau).

Dividir os biscoitos em dois e espalhar o chocolate em ambas as superfícies, depois juntá-los. Coloque-os na geladeira para esfriar por meia hora.

Cannoli

Preparação: 50 minutos

Dificuldade: média

Porções: 4

Ingredientes

- 400g de farinha
- 1 colher de sopa de açúcar
- 2 colheres de chá de cacau em pó
- 100gr de manteiga
- 2 ovos
- 40ml de vinho branco
- Azeite de oliva
- 100g de chocolate preto
- 300gr de requeijão
- 100g de queijo mascarpone
- 20gr de frutas cristalizadas

Método

1

Coloque farinha, açúcar e cacau em um recipiente. Em seguida, acrescente a manteiga e misture tudo. Separadamente, misture o ovo com o vinho branco e despeje-o, junto com um pouco de açúcar e sal, na mistura até ficar liso e aveludado. Deixar para esfriar na geladeira.

2

Coloque um pouco de azeite de oliva em uma frigideira e aqueça-o até 160 graus. Coloque a massa sobre uma superfície lisa e enrole-a em uma folha fina. Criar a forma de cannoli com um círculo de massa de 10 centímetros de largura e envolvê-la em torno de um molde. Em seguida, coloque-os em óleo para fritar.

3

A fritura deve levar cerca de um minuto. Os cannoli devem ser dourados e levemente queimados nas bordas. Retire-os do óleo tendo o cuidado de não se queimar e coloque-os sobre uma folha de papel de cozinha.

4

Uma vez seco, inserir a mistura de ricota e mascarpone e decorar com chocolate e frutas cristalizadas.

Pandoro com limão e pistachios

Preparação: 15 minutos

Dificuldade: fácil

Serve 8

Ingredientes

- 100ml de creme
- 250g de queijo mascarpone
- 2 limões
- 4 colheres de açúcar de confeiteiro
- 1 pandoro
- 100gr de pistácios

Método

1

Coloque o creme, mascarpone, raspas de limão e açúcar em um recipiente. Misture a mistura até formar uma espuma, depois acrescente os pistácios descascados e desmanchados.

2

Faça oito fatias com o pandoro. Em cada um deles, espalhe a mistura junto com alguns pistácios desintegrados e alguns inteiros. Espremer um pouco de suco de limão.

3

Colocar oito vezes, espalhando as fatias com a mistura a cada vez. Terminar com uma polvilhada de açúcar de confeiteiro.

Polenta de mirtilo doce

Preparação: 45 minutos

Dificuldade: fácil

Serve 4

Ingredientes:

- 200gr de manteiga
- 225g de açúcar mascavo
- 3 ovos
- 150gr de polenta
- 20gr de farinha 00
- 1 colher de chá de levedura
- casca finamente ralada de 1½ limões
- 100g de mirtilos
- 100g de Philadelphia
- 50ml de creme
- Casca de limão ralado

Método

1

Espalhe um botão de manteiga em uma assadeira.

Bata a manteiga e o açúcar até que uma mistura cremosa seja criada. Em seguida, acrescente o ovo e continue a misturar até misturar.

2

Faça uma massa com a polenta, farinha e fermento. Acrescente a casca de limão. Despeje o creme de polenta na assadeira e esprema alguns mirtilos em cima, de modo a colorir a mistura. Colocar no forno e assar por 15 minutos.

3

Depois de assar, retire a polenta e coloque alguns mirtilos inteiros em cima. Colocar de volta no forno por mais 15 minutos. Em seguida, retire, polvilhe com açúcar em pó e deixe esfriar no refrigerador.

4

Misture a filadélfia com o creme e coloque um pouco mais de limão. Espalhe o creme em cima da polenta. Colocar mais mirtilos e pó com açúcar em pó.

Coito de morango panna

Preparação: 25 minutos

Dificuldade: fácil

Porções: 2

Ingredientes

- 50ml de leite
- 20ml isinglass
- 100ml de creme
- 20g de açúcar mascavo
- 50gr de morangos
- Doce de morango

Método

1

Comece misturando o leite, o creme e o açúcar, tomando o cuidado de não formar grumos. Se você tiver açúcar branco ou açúcar refinado, tudo bem, você pode adicioná-lo.

2

Despeje o isinglass em um recipiente.

Leve o leite misturado à ebulição e depois retire-o do calor. Deixe esfriar um pouco e depois despeje no isinglass. Despeje a mistura em pequenos potes e depois coloque-os na geladeira para esfriar por uma hora.

3

Quando estiverem bem resfriados, pegue os copos e inverta-os em um prato. Despeje sobre os morangos e possivelmente um pouco de geléia de morango para servir.

Merengue de limão

Preparação: 3 horas

Dificuldade: média

Atende 10 pessoas

Ingredientes

- 400gr de manteiga
- 400gr de açúcar refinado
- 50gr de açúcar mascavo
- 100gr de farinha 00
- 6 ovos
- 10gr de farinha de milho
- 1 colher de chá de levedura
- 10gr de casca de limão
- 1 limão

Método

1

Manteiga um prato de cozimento.

Em uma pequena panela despeje um litro de água e açúcar mascavo. Ferver até atingir a consistência de um creme, pelo menos 20 minutos.

2

Em uma tigela, bata o açúcar refinado e a manteiga com um batedor até ficar levemente fofo. Adicione uma colher de sopa de farinha e continue a misturar, depois acrescente gradualmente os ovos enquanto continua a misturar. Adicione um pouco de água para misturar melhor a mistura.

3

Fazer uma mistura com manteiga, casca de limão, farinha de milho e sal.

Despeje o xarope de açúcar caramelizado. Colocar a mistura sobre a assadeira e virar bem em peças de igual tamanho. Cozer no forno por 30 minutos.

4

Cortar o limão em fatias. Despeje um pouco de água e açúcar mascavo em uma panela e ferva. Depois, quando a água ferver, colocar as rodelas de limão e fervê-las durante 15 minutos para que fiquem caramelizadas.

5

Utilizando uma tocha de cozinha, queime a parte superior do merengue e decore com fatias de limão caramelizado.

Bolo de sorvete de tiramisu

Preparação: 60 minutos

Dificuldade: fácil

Serve 4

Ingredientes

- 250 gr de manteiga
- 115g de açúcar refinado
- 6 colheres de sopa de rum
- 60g de chocolate preto
- 100ml de creme
- 10 colheres de sopa de café
- 100g de açúcar
- 100gr de bolachas Savoiardi

Método

1

Manteiga uma assadeira. Bata o mascarpone, a manteiga e o creme e depois adicione o chocolate preto um pouco de cada vez.

2

Coloque o mocha de café no fogão. Despeje em um copo com o rum e mexa bem.

3

Um de cada vez, mergulhar as dançarinas na mistura de rum e café fervente, deixando-as de molho bem de cada lado. Eles devem permanecer quentes mesmo durante a preparação do tiramisu.

Disponha-os horizontalmente sobre a assadeira.

4

Coloque os biscoitos restantes no licor de café. Espalhe o creme e dobre as dançarinas uma sobre a outra, tendo o cuidado de limpar as bordas do excesso de creme.

Pó com cacau não adoçado e servir.

Bolo de ricota salgada

Preparação: 50 minutos

Serve 6

Ingredientes

- 4 berinjelas
- 4 tomates secos
- Manjericão a gosto
- Um dente de alho
- 20gr de manjericão
- 200gr de requeijão
- 50g de farinha 00
- 400ml de leite

Método

1

Coloque bastante óleo em uma frigideira, coloque um dente de alho e ferva até dourar. Retirar o alho.

2

Enquanto isso, corte as berinjelas em tiras após lavá-las. Após retirar o alho, coloque a berinjela na panela e cozinhe por cerca de 10 minutos em fogo médio, tendo cuidado para não queimá-los.

3

Faça uma mistura de leite, queijo ricota, tomate seco ao sol e folhas de manjericão picadas. Acrescente água de cozimento à medida que for indo. Quando as berinjelas estiverem cozidas, despeje a mistura na frigideira e cozinhe juntas por cerca de 5 minutos.

5

Por último, coloque a farinha gradualmente para que o prato se torne mais granulado.

Tire o calor, deixe esfriar e sirva com uma polvilhada de queijo parmesão a gosto.

Bolo de creme

Preparação: 1 hora e 10 minutos
Dificuldade: média

Porções: 8 pessoas
Ingredientes

- 100gr de manteiga
- 100gr de açúcar
- 8 ovos
- 2 xícaras de 00 farinha
- 1 xícara de chá de leitelho
- 1 colher de chá de extrato de baunilha
- 20gr de avelãs
- Uma colher de sopa de açúcar de confeiteiro

Método

1

Coloque a manteiga em três moldes redondos para que a massa não gruda. Polvilhe também com um pouco de farinha.

2

Despeje o açúcar, a manteiga e a farinha em um recipiente. Misture e tente criar uma mistura tão cremosa quanto possível. Quando tiver alcançado a consistência desejada, despeje os ovos (apenas a gema) e o feijão de baunilha.

3

Misture as avelãs com o restante da farinha e manteiga. Crie uma mistura cremosa e despeje-a junto com a pasta de baunilha.
Fazer camadas de creme alternando com leitelho. Para ajustar a espessura conforme você julgar conveniente, de modo a dar a consistência correta. Misture também em uma certa quantidade de avelãs picadas.

4

Despeje tudo nos moldes circulares e asse em um forno pré-aquecido a 200 graus. Cozer por cerca de 40 minutos. Retire os bolos, deixe-os esfriar e polvilhe com açúcar de confeiteiro por cima.

Bolo de chocolate

Preparação: 1 hora
Dificuldade: média

Porções: 8 pessoas
Ingredientes

- 100gr de manteiga
- 100gr de açúcar
- 8 ovos
- 2 xícaras de 00 farinha
- 1 xícara de chá de leitelho
- 100 gr de chocolate preto
- 50gr de cacau em pó amargo
- 20gr de avelãs

Método

1

Coloque a manteiga em três moldes redondos para que a massa não gruda. Polvilhe também com um pouco de farinha.

2

Despeje o açúcar, a manteiga e a farinha em um recipiente. Misture e tente criar uma mistura tão cremosa quanto possível. Quando tiver alcançado a consistência desejada, despeje os ovos (somente a gema) e as lascas de chocolate preto previamente derretidas em uma panela.

3

Misture as avelãs com o restante da farinha, manteiga e cacau em pó. Criar uma mistura cremosa e despejá-la junto com a mistura de chocolate.

Fazer camadas de creme alternando com leitelho. Para ajustar a espessura conforme você julgar conveniente, de modo a dar a consistência correta. Misture também em uma certa quantidade de avelãs picadas.

4

Despeje tudo nos moldes circulares e asse em um forno pré-aquecido a 200 graus. Cozer por cerca de 40 minutos. Retire os bolos, deixe-os esfriar e polvilhe sobre o cacau não adoçado.

Pizza de Páscoa da região

das Marcas

Preparação: 1 hora e 30 minutos

Dificuldade: média

Porções: 10

Ingredientes

- 10 salsichas
- 100gr de pão
- 1 mozzarella fior di latte
- 100gr de presunto cru
- 100gr de salame
- 50gr de requeijão
- 10 ovos
- 20gr de açúcar
- 20g de queijo parmesão

Método

1

Retirar o invólucro da salsicha e desmoroná-lo. Colocá-lo em uma frigideira com óleo e alho e fritá-lo.

2

Amassar a massa de pão, colocando-a sobre uma superfície de trabalho enfarinhada e transferindo-a para uma assadeira.
Colocá-lo em um molde e aparar as bordas em excesso.

3

Comece a fazer camadas sobre a massa, compostas de salsicha, mozzarella, prosciutto e salame. As camadas devem ser bem alternadas e não devem pingar molho. Colocar no forno a 200 graus e assar por 1 hora.

4

Retire a pizza do forno e deixe-a esfriar. Fazer uma massa com queijo ricota, ovos, açúcar e queijo parmesão. Espalhe a mistura na parte externa da pizza e volte a colocá-la no forno por mais 10 minutos para congelá-la bem.

5

Retire do forno, deixe esfriar e sirva com açúcares coloridos na parte superior.

Bolo de arroz

Preparação: 1 hora

Dificuldade: média

Porções: 10

Ingredientes

- 100gr de açúcar
- 200 gr de ricotta
- 5 ovos
- 1 fava de baunilha
- 200ml de creme
- 100gr de arroz Carnaroli

Método

1

Em uma tigela, bata os ovos e o açúcar juntos usando um batedor.
Adicione o creme e o feijão baunilhado e continue a misturar.

2

Use um pouco do creme restante para fazer um creme com a ricota. Para uma versão em chocolate, você pode colocar alguns agora.

Combine os dois cremes com o arroz previamente cozido em bastante água com sal.

3
Coloque a mistura em um molde e transfira para uma assadeira bem oleada.
Cozer por cerca de 40 minutos, verificando o tempo de cozimento de vez em quando. A camada superior deve se tornar uma crosta colorida.

Bolo de morango

Preparação: 20 minutos
Dificuldade: fácil

Porções: 8

Ingredientes

- 100gr de morangos maduros
- 100gr de açúcar mascavo
- 1 limão
- 20gr de queijo mascarpone
- 10ml de rum
- 8 ovos
- 1 fava de baunilha
- 100gr de pão-de-ló

Instruções

1

Corte os morangos em fatias em uma tigela e polvilhe-os com açúcar e suco de limão. Os morangos terão que expelir seu suco, que se tornará um creme.

2

Misture o mascarpone, rum e um pouco de açúcar. Rachar os ovos em uma tigela e misturá-los com o feijão baunilhado.

3

Despeje a mistura em um molde.
Coloque o creme de mascarpone em cima, e os morangos com seu suco em cima novamente.
Colocar a massa em uma assadeira e assar por cerca de 20 minutos.

Bolo de queijo de anis

Preparação: 45 minutos

Dificuldade: fácil

Porções: 4 pessoas

Ingredientes

- 20ml de Sambuca
- 80gr de manteiga
- 1 anis estrelado
- 10 biscoitos amassados
- 400gr de Filadélfia
- 4 ovos
- 100ml de creme
- 10gr de farinha 00
- 1 fava de baunilha
- 100gr de açúcar

Método

1

Mergulhe a sambuca e o anis estrelado em um copo, para que ele tenha o máximo de sabor possível.

Coloque a manteiga em uma frigideira e derreta-a, depois acrescente os biscoitos amassados. Esta mistura será a base para o bolo.

Pegue uma forma de bolo com cerca de 20cm de largura. Coloque a mistura de manteiga e biscoitos na base, tentando nivelá-la bem com uma espátula.

3

Em uma tigela, misture os ovos, creme, feijão baunilha, açúcar e farinha. A mistura resultante deve ser muito cremosa.

Retirar o anis estrelado do vidro e despejar a Sambuca na mistura. Continue agitando.

4

Espalhe a mistura sobre a base do biscoito esmigalhado. Cozer por 20 minutos e servir.

Bolo italiano de limão

Preparação: 45 minutos
Dificuldade: fácil

Porções: 8
Ingredientes

- 50ml de leite
- 8 ovos
- 100gr de manteiga
- 1 fava de baunilha
- 30gr de Filadélfia
- 20gr de açúcar mascavo
- 4 limões
- 20ml de creme

1

Derreta a manteiga em uma panela junto com um pedaço de fava de baunilha e um pouco de casca de limão ralada.

2

Misture o leite, manteiga, açúcar e ovos e crie uma emulsão que seja macia e saborosa.

Tome cuidado para não exagerar na baunilha.

Despeje o creme em um molde.

3

Cozer a frigideira e assar por 30 minutos.

Fazer uma mistura com o queijo, leite, açúcar e creme de leite. No final, adicionar o suco de 4 limões. Adicione mais açúcar, se necessário.

4

Corte o bolo horizontalmente como um sanduíche e espalhe o creme de limão por dentro e por fora, usando uma espátula. Polvilhar com açúcar em pó.

Biscoitos de figo

Preparação: 45 minutos

Dificuldade: média

Porções: 10

Ingredientes

- 100gr de farinha 00
- 50gr de açúcar
- 1 colher de chá de fermento em pó
- 30gr de manteiga
- 20ml de leite
- 2 ovos
- 50gr de figos secos
- 10gr de passas de uva

Instruções

1

Misturar a farinha, o leite e o açúcar em uma tigela. Adicionar gradualmente os ovos e o feijão baunilhado, continuando a misturar.
Corte-o em quatro pedaços e deixe-o esfriar.

2

Picar as passas e os figos secos em uma argamassa ou com uma varinha mágica, adicionando água e açúcar. Aquecer em uma panela e adicionar uma pitada de sal.

3

Pegue a massa dividida em 4 pedaços e faça muitos recortes retangulares de cerca de 5 centímetros.
Em cada retângulo espalhar uma colher de enchimento, tomando cuidado para não deixá-la sair das bordas.
Feche os biscoitos e coloque-os em uma assadeira untada com manteiga. Cozinhe-os durante 25 minutos no forno.

CPSIA information can be obtained
at www.ICGtesting.com
Printed in the USA
BVHW092006140521
607356BV00002B/95